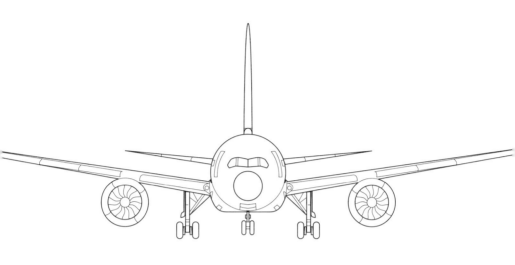

エアライン・ビジネス入門

第 2 版

稲本恵子 編著

晃洋書房

は し が き

　21世紀を迎えて20年あまりが経過し，私たちの生活は「国際化」よりも「グローバル化」というキーワードによってその営みの拡がりを議論するようになりました．島国である日本と世界は，近代になってその境界線をなくしていくかのように，ヒト・モノ・カネの交流を活性化してきました．現在は，すぐにやりとり可能な情報によって人々の交流の方法も内容も多様化し，さらに進化を続けています．経済や学問・文化，情報といった形のないものは，リアルタイムでやりとり・交流できるのが当たり前となりました．ただし，形のあるものの移動には，どうしてもそれを運ぶための移動手段と移動時間が必要となります．航空輸送（運送）の発達は，リアルに手に触れることのできるモノや体験へのアクセスを容易にしてきました．

　大学生の「航空」というキーワードからの学びは，工学，経営学，観光学，語学（外国語）など多方面からのアプローチが可能です．航空業界への就職に重点がおかれる専門学校における学びとは異なり，大学での学びは，学生それぞれの専門分野に直結する学習のための導入部分であったり，自らの関心の延長線上にある教養であったりと，その探求の深度が異なります．このような状況に鑑み，就職活動の業界研究というよりも，航空をとりまく経済や政治・社会の動き，人と人との関わりを概観でき，学生からの多様なニーズに応えることができる適当なボリュームの教科書が必要だと感じた実務家教員によって，本書を刊行するに至りました．執筆者のほとんどは，航空業界が国家による保護を受けた45・47体制のもとで実務をスタートさせ，大きな事故やJALの民営化以降の航空自由化競争，破たんに至るまでの現場における実務経験を持ち，その後研究者・教育者として歩んでいます．半世紀近い激動の航空業界の現場を知る執筆陣によって学術領域にこだわらない初版『エアライン・ビジネス入門』を誕生させることができました．

　そして，初版の刊行から3年半が経過し，その間にいただいた多くの読者・教員の皆様からのご意見やご感想をもとに，今回の改訂を行いました．

　本書は，まず本文説明を通して読むことで航空業界を俯瞰し大筋を理解していただくことができるように構成しています．本文の間には少し小さな文字の

「さらに詳しく」を配置しています．本文を読み進める途中で立ち止まり，「さらに詳しく」で深度を深めても，あるいは，飛ばして次の大きな文字の本文の項目へと読み進んでもかまいません．さらに本文の内容を補完する知識を得るための「注」を読むことでより一層理解を深め，さらに参考文献へ興味を広げていただければと思います．

　また，航空業界の中のどの立場から「エアライン」を捉えるのか，1つの立場からだけでなく多面的に見てほしいという執筆者一同の想いも形にするべく，「産業論」「経営論（航空会社事業論）」「現業論」の3部構成にすることにより，それぞれの領域ごとに内容にアプローチしやすいような工夫をしました．いずれの章から読み始めても知識を獲得していただけるかと思います．

　最後に，本書の出版にあたり，最新かつ正確な情報，現状に即した知見を提供できるようにと，初版から引き続き日本航空グループ各社より数多くの写真のご提供と取材にご協力いただきました．お取次ぎいただきました日本航空産学連携部ならびに関係各所の皆様には，執筆者を代表し，この場を借りて深く御礼申し上げます．

　そしてなにより，本書の出版企画時より適切なアドバイスと調整を図りながら改訂に至るまでを伴走してくださった晃洋書房編集部山本博子さんならびに編集部の皆様にかさねて御礼申し上げます．本当にありがとうございました．

　　2021年3月

執筆者を代表して
稲 本 恵 子

目　次

第Ⅰ部　産　業　論

JAL 出発風景
写真提供：JAL グループ.

第1章 エアライン・ビジネスとは

1　エアライン・ビジネスとは

（1）エアラインとは

　航空機を利用する場面といえば，まず，何を思い浮かべるであろうか．多く
の読者は，旅行や仕事における出張などの際に，移動の交通手段として利用す
ることを挙げるであろう．航空機を利用したさまざまな活動のなかでも有償で，
すなわちビジネスとして航空機による運送サービスを提供するのが航空会社
（エアライン）である．ヒト（旅客）やモノ（貨物）を「航空機」に乗せて目的地
まで届ける航空運送事業は，その運営にあたり航空法の規定の適用があり，国
土交通大臣の許可を受けなければならない．

　本書では，主に旅客並びに貨物を運送する航空会社を表す用語として「エア
ライン」を用い，その事業及び周辺で展開される航空会社の事業成立に欠かせ
ない事業を「エアライン・ビジネス」として捉える．

（2）航空運送事業とは？

　エアライン・ビジネスは，見えない，形のないサービスに，いかに価値を与
えるかを追求していく持続的な発展や変化が求められるビジネスである．そこ
で，エアラインが，どのような事業（ビジネス）であるのか「航空運送事業」
という言葉をもとに整理する．

　航空法では，航空機を使った事業について以下のように定義している．

　・「航空運送事業」とは，他人の需要に応じ，航空機を使用して有償で旅客
　　又は貨物を運送する事業をいう（航空法2条18項）．

　・「航空機使用事業」とは，他人の需要に応じ，航空機を使用して有償で旅
　　客又は貨物の運送以外の行為の請負を行う事業をいう（航空法2条21項）．

　航空機を使用した有償・無償活動全体を整理すると**表1-1**のようになる．

表1−1　航空機を使用した活動の例と内容

種　類	活　動　内　容	
航空運送事業	定義：航空機を使用して有償で旅客又は，貨物を運送する事業	
国内定期航空運送事業	国内の各地間に路線・ダイヤを定めて行う航空運送事業	
国際航空運送事業*	国内と海外の各地間，海外の各地間で行う航空運送事業	
その他の航空運送事業	飛行目的	主な内容
	貸し切り（チャーター）飛行	旅客・貨物のチャーター運送
	遊覧飛行	小型プロペラ機やヘリコプターによる観光地の遊覧飛行
	その他	建設協力（建設資材の運送），災害救助（負傷者の救出・緊急搬送）など
航空機使用事業	定義：航空機を使用して有償で旅客・貨物の運送以外の行為を請負う事業	
	飛行目的	主な内容
	報道取材	テレビ，新聞等マスコミの報道取材活動のための飛行
	航空写真撮影	地図作成，社会資本整備のための調査，映画や宣伝，商用のものなどを撮影
	薬剤散布	森林や農耕地の病害虫予防駆除，肥料散布など
	視察調査	地上からは不可能な視察，災害発生時の被害調査など
	その他	操縦訓練（操縦士の養成），広告宣伝など
その他の航空活動	個人や公共の場面における航空機を使用する活動例	
	飛行目的	主な内容
	公共活動	警察活動・消防活動など
	ビジネス用途	企業・個人の自家用航空
	スポーツ・レジャー	軽飛行機・グライダー・ハングライダー・熱気球などのレジャースポーツ
	防衛航空	防衛のための地上からは不可能な視察，災害発生時の被害調査など

注：＊国際航空運送事業に「定期」という言葉がついていないが，実際には路線便数計画（ダイヤ）を定め，定期的に運送する事業を意味している．
出典：筆者作成．

　なお，国際航空運送事業に「定期」という言葉がついていないが，実際には路線便数計画（ダイヤ）を定め，定期的に運送する事業を意味している．セスナのような小型機やヘリコプターも含め，航空機を使った活動を行うためには，一部には資格（免許）が必要ではない活動もあるが，ほとんどの場合，資格（免許）をもつ専門技能を有する者（俗にいうパイロット＝操縦士）が必要となる．そのなかでも有償で航空機を運航する事業において航空機を操縦するパイロッ

トは，事業用操縦士としての資格を有していなければならず，さらに定期航空運送を行う航空会社では，定期運送用操縦士資格を有することや担当する路線によって要求される資格要件がある（詳しくは第14章参照）．航空会社は，さまざまな法律やルールに従って，自社に所属する操縦士の教育や訓練，健康管理等を担っている．

2　エアライン・ビジネスの特徴

（1）エアライン・ビジネスの価値

a　地理学的制約の克服

　移動手段として航空機を利用することの意義は，島国である日本から海外へ渡航することを考えると理解しやすい．航空機による運送は，高い山，広大な海や砂漠などに隔てられた長い距離，厳しい気候や気象状況を克服することができる．陸路では厳しい環境であるシベリア上空や北極圏の海上を通過して日本からヨーロッパへ向かったり，広大で灼熱のサハラ砂漠など中東やアフリカ地域の上空を通過したりするにしても，旅客は快適な航空機の客室内で過ごしながら移動できるのである．島国の日本からの海外渡航に限らず，大陸での多国間移動のように，いくつもの国境を越えて目的地へ到達しなればならない場合，経路上にある地域が戦争などの紛争地域で国際的政治状況から陸路では通過が困難であっても，空路であれば迂回も含め危険を回避できる．この地理学的制約の克服は，道路・鉄道路線を利用する陸上運送や，船による海上運送等の他の運送機関では，代替できない特色である．

　旅客は，航空運送サービスを利用することにより速く，遠くへ，快適（安全）に，移動することができる．皮肉にも，航空機を発達させたのも，自国の上を通過する際の「領空」という概念が生まれたのも，過去に起きた 2 度の世界大戦であることを理解しておく必要がある（第 2 章参照）．

b　時間的な価値の創出

　航空機の特性である高速性は，利用者にとって時間的な価値の創出を実現する．それは，速く（短い時間で）遠くへ（長い距離を）移動することによって生み出される価値である．ビジネスの世界では，単位時間内で何ができるかといったタイムコストの考えから時間効率を意識することが必要となる場面が多い．運送サービスの高速性により，移動時間を短縮して速く遠くへ快適に移動でき

るのであれば，航空会社は「その短縮された移動時間により旅客に有効活用できる時間」を売っているとも言えるであろう．航空機材の発達が，これらの価値の実現を支えている欠かせない要素の1つである．日本企業もその製造部品の一部を提供しているボーイング社の787型機は，複数のモデルがあり座席数242〜330席，航続距離は，6,430〜7,635海里[2]（11,910〜14,140 km），巡航速度は，マッハ0.85（音速の8割強＝おおよそ時速1000キロ）である．日本の東海道・山陽新幹線の「のぞみ」N700系の最高速度は，時速300キロであり，787型機は，のぞみの約3倍の速さである．[3]

c　陸，海，空の棲み分け

　高い山や広大な海を超え，地理学的な制約を克服し，高速性を武器にした航空運送は，交通・運輸体系の中で，限られた時間を効率的に使いたいビジネス客および観光需要に応え，生鮮食料品や高付加価値製品[4]を効率よく運送することを可能にし，時間的な価値を創出する．しかし，自動車，鉄道などの陸上交通，海上交通を利用した運送事業に比較すると，運賃は概ね高額である．したがって，時間的余裕のある旅行客や，鮮度を気にする必要のない加工品，重く容量の大きな製品は，運賃が安い陸上，海上運送を利用する．陸上交通において鉄道は，自動車より高速で運送できるが，線路のない地域への運送はできないため，そのような地域への運送は自動車運送が担う．陸上運送・海上運送・航空運送は，それぞれの利用者のニーズに応じて，時間・料金といったサービスを提供し，役割を分担しているといえる．

（2）エアライン・ビジネスが受ける制約

a　認可事業

　エアライン・ビジネスは，航空機の型式認可から，空港への離発着枠の割り当て，新規路線開設・就航までさまざまな法的制約を受ける認可事業である．特に国際線の場合は，自国のみならず，乗り入れ国，上空を通過する国等との折衝ならびに合意がなければ路線を開設することができない．さらにそれを取り巻く社会情勢の影響も受ける．国際民間航空機関（ICAO：International Civil Aviation Organization），国際航空運送協会（IATA：International Air Transport Association）などの国際組織の存在が，国境を越えた認可事業であるエアライン・ビジネスを支えている（第7章参照）．

　航空会社の経営資源は大きく分けて，①航空機，②空港，③人材である．

航空機を保有し，それを運用するために空港という拠点が必要となる．空港事業も官民を問わず，その設置，運営，運用においては，法的な制約を受ける（第3章参照）．

　また，運航に不可欠な人材であるパイロットとそれを支援する運航管理者，航空整備士といった人材は，航空運送の安全を守るためにそれぞれ国家資格を必要とする．すなわち資格保持者がいなければ事業として認可されないのである（第11・14・15章参照）．

b　社会情勢の影響

　航空会社は，悪天候などの気象条件だけでなく，他国における紛争やテロ，政情不安と治安の悪化，伝染性疾患の流行など社会情勢のなかで発生する事象や施策で変更されるルールのよる制約を受ける場面がある．また，利用者数はこれらの社会情勢に加えて不況や外国為替市場における為替変動などさまざまな影響を受けて増減し，需要も変動する．

（3）航空需要の特性

a　航空旅客

　航空会社の旅客は，ニーズから分類すれば，観光などの余暇活動や帰省，親族訪問等で利用する旅行客と，出張・赴任等で利用するビジネス客に大別される．航空旅客の需要には1年の中でも需要が集中する時期に特徴がある．年末年始，GW，夏休み等の期間中は満席の便が多いが，それ以外は閑散期として空席が大量に発生する時期もある．

　また，曜日，時間帯による変動が大きいという特徴もある．ビジネス客が出張等で航空機を利用する場合は，往路は午前中の早い時刻の便，復路は夕刻以降の便の需要が高く，単身赴任者は，都市部から地方に向かう金曜日，ならびに地方から都市部へ向かう日曜日の夕刻以降の移動が多いとされてきたが，働き方の多様性が進み，航空会社は，さまざまな旅客集客手法を検討している（第7・9章参照）．

b　航空貨物

　航空会社は旅客だけでなく貨物運送も担う．航空貨物の需要の特徴としては，生鮮食料品や生花のような季節によって荷動きに特徴のあるものも存在するが，旅客に比べると季節による変動は少ない．貨物運送は，夕方に集荷し翌朝以降の配達を理想とするため，集荷が夜に集中する．また，旅客の場合は往復旅行

が一般的であるが，貨物は，ほとんどの場合，片道運送である．航空貨物運送については，第12章で詳説する．

✈ さらに詳しく　航空会社のサービス品質チェックの視点

　航空会社は，ヒト・モノを，ある地点から他の地点へ運送するサービスを商品としている．このサービスは，提供と同時に消滅し価値を失う．出発してしまった飛行機の空席は再利用ができず，在庫を蓄えておくことも不可能である．定期航空便によって次々に生産されるサービスは，旅客や荷主によって利用されない限り，便の出発とともに商品価値の一切を失うのである．

　陸上・海上交通よりも航空運送サービスが選ばれる為の判断基準となる要素，さらには，航空会社各社が提供するそれぞれのエアラインサービスに対して，利用者の立場から見た選択の視点をまとめてみると，以下a―fのように整理されるのではないだろうか．

　a　安全性
安全運航は航空運送の原点であり，安全を欠いた航空運送は欠陥商品である．
　b　定時性
公共交通機関として，公示されている時刻表どおりに運航されているか．運航・運送を現場で支援する人材の活躍に定時運航は委ねられている．
　c　利便性
手軽に便予約ができるか．行きたい所，利用したい時間帯に便があるか．
　d　高速性
空港へのアクセス・イグレス時間※を含めたトータルの移動時間はどのくらいかかるか．乗り継ぎ時間，接続する交通機関の利便性なども考慮しなければならない．
※交通機関乗り継ぎにおいて，出発地側から幹線交通機関に乗るまでの主な交通（鉄道駅や空港などの間の移動）をアクセス交通，幹線交通機関を降りた後の目的地までの交通機関（バスやタクシーなど）をイグレス交通という．
　e　快適性
機内サービス（機内食，アメニティーなど形のあるものや機内設備の提供，乗務員の応対など）は充実しているか．
　f　経済性
航空運賃・料金は適正な価格か．時間価値を含めたトータルな経済価値はどうか．
　g　総合性
予約から空港での手続き，到着後の付随サービスまでの総合サービス体制はどうか．

3　本書の目的と展望――エアライン・ビジネスの視点から

　本書は「産業論」「経営論（航空会社事業論）」「現業論」の3部で構成されている．第Ⅰ部では，航空会社を取り巻く社会環境・背景などエアライン業界の

成り立ちについて基本を理解し，航空業界を形成する産業全体のこれまでとこれからを考える．第Ⅱ部では，航空会社とは，どのような企業なのか，どのような事業が展開されているか具体的な経営手法の特徴や事業内容について理解を深める．そして，第Ⅲ部では，航空会社の具体的業務である① 運送（＝旅客や貨物を運ぶ），② 客室サービス（＝旅客に地点間移動だけでなく付加価値を提供する），③ 運航（＝旅客や貨物を載せた飛行機を動かす），④ 整備（＝安全運航を支え，航空輸送そのものを守る）について現場の業務や与えられた使命について知る．

　本書の活用の仕方はさまざまである．航空業界に関心のある読者は，第Ⅰ部で，前世紀から現在にわたって急速に成長した航空運送事業の発展過程を歴史的な観点から体系的に理解（第2章「エアライン・ビジネスの歴史」参照）した上で，それを支えた環境（第3章「空港」参照）と現状と未来（第4章「LCCの世界的躍進」，第5章「これからのエアライン・ビジネス」第6章「航空産業をめぐる新たな潮流」参照）について考え，これまでの業界の歩みを振り返りつつ，今後の動向を予測してみてほしい．

　第Ⅱ部では，航空会社そのものが，どのように事業を展開し運営されているのか，その経営の特徴（第7章「航空会社の経営計画」，第8章「航空会社の安全管理」，第9章「航空会社の商品」）について知識を深め，さらに，航空会社の周辺事業の拡がりを学ぶことで，企業研究の視点を養うことができる．

　第Ⅲ部は，航空会社や関連事業会社による具体的な現場の業務について詳説している（第11章「空港業務と旅客ハンドリング」，第12章「航空貨物輸送」，第13章「客室におけるサービス」，第14章「運航」，第15章「エアラインの航空機整備」）．

　航空業界のなかでも航空会社の仕事について詳しく知りたいと思う読者は，第Ⅰ部，第Ⅱ部より先に，まず，第Ⅲ部で自分の興味関心のあるエアラインの現場の具体的な仕事の内容を読み深めてから，その会社の経営論（第Ⅱ部）や，産業界における立場と環境理解（第Ⅰ部）へと学びを深めても良い．

　エアライン・ビジネスに関心を持ち，エアライン（航空会社）を中心にして，さらにそこから広がる航空業界を概観してみよう．航空会社の事業内容だけでなく，航空会社の活動を支えるビジネス活動全体，すなわち，狭義の「航空会社のビジネス活動」ではなく，広義の「航空会社と関わり合うビジネス活動」と，それをとりまく環境を俯瞰し，現在から未来を展望したのちには，本書の読者は航空会社を中心とした航空業界に関する基礎知識を修得することができるだろう．加えて，将来，別のビジネスの立場から，利用者としてまたは取引

先としてエアラインをどのように活用し，また何を期待するのかを考える視点も養って欲しい．本書を通じて，読者の「エアライン・ビジネス」への関心が深まれば幸いである．

■注
1）個人で取得できるパイロットの資格として自家用操縦士の資格がある．自家用操縦士資格保持者は，自家用の飛行機に乗り込んで，報酬を受けないで，無償の運航を行う航空機の操縦をすることができるが，事業用操縦士の資格がなければ有償事業における操縦はできない．
2）1海里は地球上の緯度1分に相当する長さの単位である．航空の世界で，距離の単位を「海里（nautical mile）」（1海里は約1.85 km）で示す．
3）巡航速度とは，飛行機が水平飛行をするときの速度のこと．音速は，温度によって変わるため，飛行機の時速は飛行高度で変わる．
4）小さくて軽く高額な宝石や，半導体部品，緊急度の高い高額な医薬品などの製品．

■参考文献
井上泰日子［2016］『最新航空事業論　第2版——エアライン・ビジネスの未来像』日本評論社．
航空・観光研究学会編著［2013］「入門　航空事業」．
高橋望・横見宗樹［2016］『エアライン／エアポート・ビジネス入門（第2版）』法律文化社．
日本航空広報部編［2014］『最新航空実用ハンドブック』朝日新聞出版．
JR おでかけネット〈https://www.jr-odekake.net/train/category/#shinkansen〉（最終閲覧2020年8月）．
ボーイングジャパンホームページ〈https://www.boeing.jp/〉（最終閲覧2020年8月）

（稲本恵子）

第2章　エアライン・ビジネスの歴史

1　航空機の発達と歴史

（1）ライト兄弟の「初飛行」

「人類が初めて空を飛んだ」と聞けば，誰しも思い浮かべるのは米国のライト兄弟のことだろう．自転車屋を営むライト兄弟は，1903年12月17日，ノースカロライナ州キティホークの砂丘で，弟オーヴィルが腹ばいで操縦する複葉プロペラ機ライトフライヤー号による「有人動力」飛行に成功した[1]．このオーヴィルによる初飛行は12秒で36ｍを飛び，この日最後となる4度目の挑戦では兄ウィルバーの操縦で飛行時間59秒，飛行距離260ｍの最高記録を出している．

✈ さらに詳しく　ライト兄弟以前について

　実は，ライト兄弟以前にも「空を飛んだ人間」は何人も存在している．フランスで製紙業を営むモンゴルフィエ家のジョセフとジャックの兄弟は，1783年11月21日，動力装置のない熱気球に協力者2人を乗せてブローニュの森から浮かび上がらせた．飛行高度は910ｍ，9ｋｍの距離を25分間に亘って滞空したモンゴルフィエ兄弟の気球は，無事パリ郊外に着陸している．この麻布と紙でつくられた気球の飛行こそが，まさに人類史上初の「有人」飛行であった．ライト兄弟が「有人動力」飛行に成功する120年前，世界史上に残る革命を6年後に控えたフランスでの出来事である．また，同じくフランスのアンリ・ジファールは，ガス気球に3馬力の蒸気機関を搭載した飛行船をつくり，1852年9月24日，パリからトラピスまでの27ｋｍを時速9ｋｍで飛んだ．人類初の「有人動力」飛行も，ライトフライヤー号の初飛行より50年以上早いフランスの地で達成されている．

　さらに，後に「航空学の父」と称された英国のジョージ・ケイリーは，航空工学の基礎研究を重ね，（現在のハンググライダーに近い）グライダーを考案し，1849～53年頃には自ら設計・製作したグライダーで有人滑空実験を行った．その後，1890年代に入ると，ドイツのオットー・リリエンタールが，ケイリーの研究を引き継ぐように，自作のグライダーによる滑空実験を6年に亘って2000回以上繰り返している．最高滞空時間は1分，その間に275ｍを飛んだ．このグライダーは竹と藤で組まれ，翼には羽布（は

ふ）と呼ばれる丈夫な木綿布が張られた構造であった．

　ケイリーとリリエンタールの功労は，「空気より重い」物体であるグライダーの飛行に成功し，ライト兄弟にバトンを渡したことにあった．リリエンタールは，1896年8月9日，滑空実験中に失速して墜落，翌日に亡くなるという悲運に見舞われたが，彼の死はライト兄弟に「動力」飛行への挑戦を決意させたといわれる．彼らはリリエンタールが残した多くの実験データを参考に，1000回にも及ぶ実験を重ねた自作のグライダーにエンジンとプロペラを取り付けることでライトフライヤー号を完成させた．

（2）航空機の分類

　人や荷物を乗せて空を飛ぶ物体を指す場合，飛行機という言葉が最も一般的に使われるが，飛行機とは，"大気中を飛行する機器"の総称である航空機の一種に過ぎない．航空機は，機体の平均密度が空気より軽く浮力で浮揚する軽航空機，及び機体の平均密度が空気より重く揚力で浮揚する重航空機に大きく二分される[2]（図2-1）．

✈ さらに詳しく　ライト兄弟の功績について

　ライトフライヤー号は，それ以前の浮力で浮かぶ気球や飛行船，または動力なしで滑空（降下飛行）するグライダーとは一線を画していた．ライト兄弟の偉業が，今日まで"人類による初飛行"として広く世の中に認知されているのは，何よりそれがエンジンの推力によって前進し，固定翼によって揚力を得る空気より重い航空機によって達成されたことによる．さらに，ライトフライヤー号の特筆すべき性能として，この機体が制御機能を備えていたこと，つまり，人の手による「操縦」を可能にしていたことが挙げられる．すでに，この飛行機には昇降舵，方向舵，補助翼など機体制御の基本的な仕組みが備わっていた．これは，ライト兄弟が，タカやトビが滑空中に羽や尾をひねることで旋回する事実を認め，翼の仕組みに応用した結果であるといわれている．彼らは，単に「動力」によって浮かび上がり，「どこかへ」飛んでいくことには満足せず，自らの

図2-1　航空機の分類

注：スポーツ感覚で楽しまれているハンググライダーやパラグライダーは，
　　現在の日本の法律では航空機に含まれない．
出典：筆者作成．

意思によって「操縦」することを求めていた．そして，彼らが採用した機体制御の仕組みは，基本原理において，最新鋭のジェット機と同じである．まさに前人未到の領域に踏み込んだ「飛行機の生みの親」であった．

（3）飛行機の実用化と進歩

ライトフライヤー号が有人動力飛行に成功して以後，飛行機は実用化に向けて驚くほど急速な進歩を遂げていき[3]，1910年代の欧米では，飛行機は完全に実用化のステージに移行していた．

ただし，航空黎明期の飛行機の実用化を最も後押ししたのは，民間航空発展への機運の盛り上がりではなく，戦時における軍用機としてのニーズの高まりである[4]．第一次大戦の主戦場となったヨーロッパでは，戦前・戦中・戦後を通じて飛行機の進化と共に航空輸送が急激に発展していった[5]．

✈ さらに詳しく　ライト兄弟以後の飛行機の進歩について

ライトフライヤー号も含め，初期の飛行機は，自動車でも使用されるレシプロエンジン（ピストンエンジン）を動力源とし，プロペラによって推進力を得るプロペラ機であった．第一次世界大戦の頃までは，軍用機も含めて木製の機体フレーム，翼には羽布を張り付けただけの軽量構造で，主翼は上下二枚重ねの複葉機が主流であった．主翼一枚の単葉機に比べて空気抵抗は大きくなるが，主翼にかかる力を分散しながら，遅い速度で十分な揚力が得られる設計である．機体の軽量構造と共に，当時の非力なエンジンの出力不足を補うための工夫であった．

第一次世界大戦が終わると，製造技術の進歩で機体構造に大きな変化が現れた．材質に金属が使われ始めて機体構造が強化された上，エンジン性能も向上し，それまでの複葉機に代わって単葉機が一般的になっていく．例えば，1927年5月の米国人チャールズ・リンドバーグによる大西洋単独無着陸飛行に成功したスピリット・オブ・セントルイス号（ライアン社製 NYP）に代表されるように，当時の機体フレームには鋼管が使われ，翼と胴体に羽布を張り付ける鋼管羽布張り構造が主流であった．

さらに，1920年代末から1930年代にかけて飛躍的に進歩した航空技術は，飛行機，特に旅客機の近代化をもたらす．飛行中の空気抵抗を減らすための引き込み式の着陸装置（ランディングギア），離着陸時と巡航中のスピードに合わせてプロペラの羽の角度（ピッチ角）を変える可変ピッチ・プロペラ，より低速，より短距離での離着陸を可能にするため主翼の揚力を増やすフラップ（下げ翼）と呼ばれる高揚力装置，亜成層圏と呼ばれる1万mという高高度の飛行を可能にする機内与圧システムなど近代的な技術が次々と採用されていった．

（4）ジェット機の開発とジェット旅客機時代の到来

　第二次世界大戦の帰趨を決したのは制空権であったといわれる．やはり，航空技術の発展は平和利用ではなく軍事利用にあった．参戦した各国は自国の存亡をかけて航空技術の発展に努めながら，再び航空事業を商業輸送から軍事優先へと方向転換する．ジェット機の開発も進められ，大戦中にドイツ，イタリア，英国でジェット機が誕生した．

　戦後，軍用機のジェット化が進む中，旅客機はレシプロエンジンのプロペラ機の時代がしばらく続いたが，終戦から4年後の1949年7月，世界初のジェット旅客機が初飛行した．英国の航空機メーカー，デ・ハビラント社製 DH. 106 コメットである[6]．しかし，1952年5月の就航から僅か2年足らずで，飛行中の空中分解や離着陸失敗など全損事故が次々に発生，100人を超える犠牲者を出すに至り，機体構造上の欠陥機として全機が運航停止となる．その後，大きな改良を経て1958年10月に再就航を果たすが，米国製ジェット旅客機に後れを取り[7]，やがて生産は終了した．しかし，ジェット旅客機特有の高高度飛行による与圧の繰り返しがもたらす金属疲労の進行具合など，コメット連続事故で得られた教訓は，以後のジェット旅客機の安全性向上に大きな役割を果たすこととなる．

　また，ジェットエンジンの実用化に伴い，プロペラ機にも従来のレシプロに代わってターボプロップ（ジェットエンジンの一種）が使われ始めた．ジェットエンジンによってプロペラを回す，いわばジェットプロペラ機である[8]．ターボプロップ機は飛行機がプロペラからジェットに代わる時代の中継ぎ役として生まれたが，低騒音で離着陸性能や経済性に優れており，その後も中型機で利用され続け，今日ではビジネス機や小型機でも活躍している．

（5）次世代ジェット旅客機の登場

　1960年代のジェット旅客機は1950年代に開発され，客室の通路が1本，最大乗客数200人ほどのナローボディ機で，飛行速度は時速1000 kmほどであったが，1970年代に入ると次世代のジェット旅客機が次々と登場する．2本の通路を持つワイドボディ機として就航した米国のボーイング747（ジャンボジェット，1970年1月就航）は乗客数を倍増させ，また，英国とフランスが共同開発した超音速旅客機コンコルド（1976年1月就航）は飛行速度を倍増させた．コンコルドは，超音速飛行がもたらす騒音やオゾン層破壊など環境問題の他，割高な運航

コストなどが災いして生産機数が僅か20機にとどまり，失敗に終わる．一方，これとは対照的に大量輸送を可能にしたボーイング747は，低運賃化による飛行機旅行の大衆化に大きな貢献を果たし，ワイドボディ機の先駆けとなった[9]．

（6）旅客機のハイテク化

1980年代に入ると，操縦計器などを完全デジタル化した，ハイテク機が生まれ，旅客機に新しい時代が訪れた．代表的なハイテク双発機としてボーイング767（1982年9月就航）とボーイング757（1983年1月就航）は同時期に開発され，エアバス A300 ファミリーの A310（1983年4月就航）と A320（1988年3月就航）も登場する．また，ボーイング747のハイテクモデル，ボーイング747-400も1989年2月に就航した．これらハイテク機ではシステムの自動化が進められ，航空機関士を必要とせず，操縦士2人だけでの安全運航を可能にした上，燃費向上や騒音低下など経済性や環境への配慮という点でも技術の進化が見られる．

1990年代に入っても新型機の開発は進み，エアバスの4発機 A340（1993年3月就航）や双発機 A330（1994年1月就航）に続き，世界最大の双発ジェット旅客機ボーイング777（1995年6月就航）が登場した．さらに，21世紀に入ると，4発エンジンを持つ総2階建ての超大型機 A380（2007年10月就航），機体構造の50％に炭素繊維複合材を使用して大型機並みの航続距離を持つ双発中型機ボーイング787（2011年10月就航），1960年代後半から続くベストセラー小型双発機ボーイング737の最新型ボーイング 737MAX（2017年5月就航）など，個性あふれる最新鋭機が世界の空をつないでいる．

2　エアライン・ビジネスの黎明期

（1）航空輸送の始まり

1903年，ライト兄弟によって人類が翼を手に入れてから，飛行機は実用化に向け，驚くべきスピードで進化していく．1910年代の欧米では，すでに飛行機による商業輸送も始まっていたが，当時のニーズは，何より第一次世界大戦での軍用機としての活用にあった．皮肉なことに，後の第二次世界大戦も含め，戦争での利用が航空技術の進歩をもたらし，それが飛行機の平和利用という民間航空の発展に大きく貢献することとなる．

（2）パリ国際航空条約の調印

　1918年に第一次世界大戦が終わると，主戦場となったヨーロッパでは，寸断された鉄道網や道路が戦後復旧の大きな障害となり，それまで大量に生産された軍用機とそのパイロットたちによる航空輸送が，ヨーロッパ域内や，自国と植民地をつなぐ手段として重要な役割を果たすようになる．世界初の国際定期便就航や KLM オランダ航空設立は翌1919年の出来事であり，この年のヨーロッパでは，その他にも民間資本による航空会社の誕生が相次いだ．現在の国際航空運送協会（IATA）の前身である国際航空輸送協会（International Air Traffic Association）も1919年に設立され，航空会社間の運送上の調整などを行うようになる．また，国際民間航空に関する世界初の多国間条約であるパリ国際航空条約（パリ条約）も同年に調印され，領空主権の概念に代表される国際航空法の根幹が確立した．

　この頃の民間航空の中心は，あくまでヨーロッパであり，米国はパリ条約を批准していない．ところが，1927年5月，若干25才の郵便飛行士チャールズ・リンドバーグが，ニューヨークからパリへの5809 km，33時間30分に及ぶ大西洋単独無着陸飛行を愛機スピリット・オブ・セントルイス号によって達成すると，飛行機の安全性や利便性が再認識され，これをきっかけに米国は後の航空大国へと歩み始める．

3　第二次世界大戦以降の民間航空輸送

（1）国際民間航空条約（シカゴ条約）調印と国際民間航空機関（ICAO）発足

　1939年に勃発した第二次世界大戦により，特にヨーロッパの航空輸送は大きな打撃を受けて疲弊した一方で，この戦争は，先の世界大戦同様，航空機，航空設備等の航空技術の急速な進歩をもたらす．

　終戦前年の1944年11月になると，戦後の国際民間航空の枠組み作りを見据え，民間航空に関する国際会議（シカゴ会議）が開催された．この会議で調印された国際民間航空条約（通称シカゴ条約：Convention on International Civil Aviation）では，パリ条約で確立された領空主権に関する慣習国際法の再確認に加え，各国領空において当該国の航空法規が適用されること，各国がこの国際民間航空条約に準拠した航空法を制定することなどが確認される．これに伴い，1947年4月，国連の専門機関としてカナダのモントリオールに本部を置く国際民間航空

表 2 - 1　　9 つの「空の自由」

【通過権（Transit Right）】…多国間合意

| 第一の自由 | 他国の領空を無着陸で通過する権利〈Fly-over〉 |
| 第二の自由 | 緊急時や給油のために他国に技術着陸する権利〈Technical Landing〉 |

【運輸権（Traffic Right）】

第三の自由	自国から相手国へ貨客を輸送する権利
第四の自由	相手国から自国へ貨客を輸送する権利
第五の自由	相手国への路線の延長上で第 3 国との間で貨客を輸送する権利〈以遠権〉
第六の自由	相手国と第 3 国の間で自国を経由して貨客を輸送する権利
第七の自由	相手国と第 3 国の間で貨客を輸送する権利
第八の自由	相手国への路線の延長上で相手国内 2 地点間で貨客を輸送する権利〈タグエンド・カボタージュ〉
第九の自由	相手国内の 2 地点間で貨客を輸送する権利〈カボタージュ〉

機関（ICAO）が発足した．シカゴ条約と ICAO は一体不可分で同時加盟となっており，2020年 7 月現在，193カ国が加盟している．日本の加盟は1953年，61番目であった．

（2）空の自由

　領空主権を前提に国際航空事業を行うには，商業航空権[14]が新たに必要となる．この権利を「空の自由」と呼び，現在，9 つに分類されている（表 2 - 1）．シカゴ会議では，第一から第五までの定義が確認された．通過権である第一と第二は多国間で合意された権利であり，シカゴ条約の全加盟国に適用される．

（3）シカゴ体制の成立

　シカゴ条約と ICAO は，戦後の国際民間航空の発展に大きく寄与することになるが，第三以降の運輸権については加盟国のコンセンサスが得られず，シカゴ条約という統一した多国間条約の形での枠組みづくりには限界があった．すでに航空大国への道を歩み始め，規制のない完全な空の自由化を求める米国と，戦場となって疲弊したヨーロッパの代表として，規制の下で秩序ある民間航空の発展を求める英国が対立したのである．

　しかし，時あたかも東西冷戦が始まろうとしていた矢先，西側を代表する米

英の結束が急がれた．また，民間航空政策が各国の国防に絡む重要事項であったという事情もあって，1946年2月，米英2国間で世界に先駆けて取り決めを行い，英国領バミューダ島で航空協定（バミューダ協定）を締結する．翌年にはフランスがこのバミューダ協定に則って米国との2国間航空協定を締結するなど，2国間での協定が民間航空における世界の標準となっていく[15]．ただし，バミューダ協定締結には協議の過程で英国が妥協した経緯もあり，米英間での不公平な運用に英国は不満を募らせていった．1976年6月，ついに英国は協定破棄を通告し，再協議の結果，1977年6月，米国と新しいバミューダ協定を締結する[16]．

　このように，領空主権に代表される制度の基本的枠組みを定め，各国が公平に民間航空の発展を可能にする土壌をつくったシカゴ条約と，実際の国際民間航空運送に必要な運輸権や運送量（便数），運賃等の経済的権益を関係2国間で独自に定める2国間航空協定によって二元的に構成される国際民間航空の枠組みが，現在に続くシカゴ体制（または，シカゴ＝バミューダ体制）である．国際航空市場を多国間合意で一元的に運営することを目指したシカゴ条約が完全とはなり得ず，2国間での個別協定による市場の細分化で現実の運営を行うという，いわば妥協の結果であった．

（4）IATA の発足

　シカゴ会議を傍聴した各国航空会社の代表は，不完全なシカゴ条約のあり方から，航空会社自身の民間国際団体の設立を急ぐ．そして，1945年に国際航空運送協会[17]（IATA）が設立された．IATA にはすべての航空会社が加盟する訳ではないが，ICAO 加盟国の国際線・国内線定期航空会社の他，旅行代理店なども加盟しており，航空運賃をはじめ運送上の各種ルールの決定や改定を行っている．

4　航空自由化の流れ

（1）米国内での航空自由化

　バミューダ協定の改定に反動するように，米国は後のオープンスカイに向けた動きを加速させていった．1978年に米国の国内航空市場で規制が廃止され，航空規制廃止法（Airline Deregulation Act）が成立すると，国内の航空業界は一

変する[18]．ヨーロッパを路線網や輸送量で凌駕するようになり，国際航空市場での優位性を維持するため，シカゴ会議以降，国際航空輸送での空の自由を主張し始めた[19]米国が，先ずは自国内での自由化に踏み切ったのである．

　規制廃止により，新しい航空会社の参入や新規路線開設，価格の引き下げが進み，当初は運賃価格の低下による消費者利益と新たな需要の掘り起こしというメリットを生んだが，やがて競争が公平ではなくなっていく．弱小航空会社は，大手航空会社の吸収・合併の対象となって寡占化が進み，大手がハブ空港の発着枠や駐機スポット（搭乗口）を大量に確保していった．こうして，さらに競争力を強めた大手は，競合路線への新規参入には，赤字になるほど安価な運賃設定や増便など排他的策略を展開して締め出しを図り，その後の新規参入の障壁となるという悪循環を引き起こす．加えて，大手が開発したコンピュータ予約発券システム（CRS: Computer Reservation System）は，旅行代理店での予約発券時に優先的に自社便を表示させて旅客を誘導することを可能にし，また，強大な路線網を背景にしたフリークエント・フライヤー・プログラム（FFP: Frequent Flyer Program，マイレージサービス）による旅客囲い込みは，大手の市場支配体制を益々強化していく．結局，大手による新規参入の排除は，競合路線での運賃値下げの一方，独占路線での運賃値上げとサービス品質低下を招き，公衆の利益に反する結果も招いた．国内市場への競争原理導入という方針とは逆に競争原理が働かなくなり，規制廃止の失敗も指摘されるようになる．

　しかし，市場に転機が訪れた．1980年代半ばから公正な競争を促すべく当局がCRS表示方法を制限し，また，インターネット普及で直接販売が増加するなど特定の競争阻害要素が徐々に排除されていく．そんな中，燃費効率のよい小型旅客機の開発も相まって，既存の大手航空会社と一線を画す戦略で，サウスウエスト航空に代表される低コスト航空会社（LCC: Low Cost Carrier）が勢力を伸ばし始める．FFPがなくとも，目先の運賃が安いことで利用は促進されていき，今や世界的にそのシェアを拡大しつつある現在の低コスト航空会社のビジネスモデルの原型が誕生した．

　現在では，米国内航空市場での規制廃止が評価され，その後のEUにおける航空市場の統合（域内航空の自由化）や，世界的規模でのLCC台頭の呼び水となり，米国が唱えるオープンスカイ政策に繋がっていく．

（2）オープンスカイ政策の広がり

　米国内市場で始まった航空の自由化は，1980年代にかけて LCC という新たなビジネスモデルなどを誕生させながら成熟し，その波を世界の航空市場に広げていった．

　このような中，米国が提唱したオープンスカイ政策とは，シカゴ体制によって2国間航空協定で定めていた規制を撤廃し，2国間において市場原理が働く国際航空市場の形成を図るという，いわば完全自由な2国間航空協定による航空輸送分野での自由貿易政策に他ならない．米国は，このオープンスカイ政策を掲げてヨーロッパやアジアの国々と交渉を進めていき，ヨーロッパでは1992年にオランダ，アジアでは1997年にシンガポールが，それぞれ初めてオープンスカイ協定を締結した．共に国土面積が小さく，国際市場への進出なくして航空産業の発展は望めないこれら2カ国が，米国への増便を目指して自由化を受け入れたのである．これを突破口とした米国は，なし崩し的にオープンスカイ協定の輪を世界に広げていった．米国とのオープンスカイ協定締結によって米国路線の運賃値下げが現実になれば，その周辺国も，オープンスカイを受け入れざるを得ない状況ができていく．現在では世界中の国々で積極的に結ばれており，オープンスカイ協定の締結は，世界的な流れとなっている．

（3）EU におけるオープンスカイ

　ヨーロッパ域内での航空自由化も1980年代後半から段階的に進められた．EU を構成する各国の国境線を超えた，大きく自由な航空市場を形成する必要があるとの共通認識から，EU 加盟国による包括的な多国間協定として制限を撤廃していき，1997年までに EU 域内は，あたかも1つの国であるかのように完全自由化となった．そして，2008年3月には，ついに EU と米国の間でオープンスカイ協定が発効する．

　EU 域内での自由化の特徴として2点が挙げられる．1つは，域内でのカボタージュの実現である．つまり，域内 A 国の航空会社が，域内 B 国の国内路線を運航することが可能となった．そして，もう1つは，域内での国籍条項の[20]撤廃である．従来の航空協定では，航空会社は国によって指定され，その国の国籍を持つことを前提条件としたが，国籍条項の撤廃により，域内の航空会社は，国籍に関係なく域内での自由な事業運営が可能となり，資本の移動も自由[21]化された．

5　日本の民間航空の歴史

（1）航空の夜明けと航空会社の設立

　1922年6月，日本初の航空会社として日本航空輸送研究所が設立され，堺市の海浜を拠点に，同年11月，水上機による瀬戸内海運航を開始した．翌年には東西定期航空会，日本航空株式会社（現 JAL とは無関係）も設立されている．1928年には政府主導により，日本と日本統治下の中国大陸を結ぶ日本航空輸送株式会社が設立され，翌年4月から運航を開始した．これに伴い，東西定期航空会，及び日本航空株式会社は日本航空輸送株式会社に吸収統合された．1937年7月，日中戦争が勃発すると，航空路の軍事的重要度がさらに高まり，日本航空輸送株式会社を筆頭に日本航空輸送研究所などすべての民間航空輸送事業は，国策会社として1938年12月に設立された大日本航空株式会社に統一される．大日本航空設立の最大目的は戦地への国際線開設であり，1940年代にかけてミクロネシアや東南アジアにネットワークを拡大していった．1941年12月，太平洋戦争に突入すると，陸海軍は大日本航空に対して戦時動員体制を確立し，大日本航空は事実上完全な軍管理下に置かれる．しかし，壮大な軍事ネットワークが維持されたのは1943年までで，それ以後，連合軍によって各地拠点が陥落され，輸送ルートは次第に縮小していく[22]．日本は壊滅的な状態で終戦を迎えた後，7年に及ぶ航空の空白期間に突入する．

> **✈ さらに詳しく　日本人による初飛行と国産機の初飛行について**
>
> 　1910（明治43）年12月，共に日本陸軍大尉であった徳川好敏（よしとし）と日野熊蔵（くまぞう）が，ヨーロッパでの飛行訓練を終えて帰国し，それぞれフランス製アンリ・ファルマン複葉機，ドイツ製グラーデ単葉機を操縦し，日本初の有人動力飛行に成功した．そして，僅か5カ月後，1911年5月には日本海軍の軍属技師であった奈良原三次が，自作の複葉機である奈良原式2号機を操縦して国産機の初飛行を成功させている．

（2）戦後の民間航空の始まり

　終戦前年の1944年11月に開催されたシカゴ会議において，世界が戦後の国際民間航空の枠組みづくりに動き出す中，日本，ドイツ，イタリアに航空輸送活動全面禁止の方針が打ち出された．それを受けた占領軍（GHQ）は，非軍事化の一環として日本の一切の航空事業を禁止する[23]．

　世界的に航空輸送の目覚ましい発展が続く中，1947年7月の米国ノースウェスト航空を皮切りに，航空禁止令の続く日本へ次々と外国航空会社が乗り入れを開始した．各社は乗り入れに伴い，航空輸送のない日本国内での定期輸送権を狙い，GHQへ働きかけるようになる．日本はICAO非加盟国ながら，領空主権に基づくカボタージュ規定に違反するとして強く抵抗した．折しも，冷戦により世界が二分される中，米国は，東側への対策の一環として東西陣営の境界線に位置する日本を重要視していた[24]．そこで，西側の国として工業化を推進し，航空事業も民間に限って一定程度容認する方針に転換したGHQは，日本の主張を受け入れ，1951年1月，日本企業による国内航空輸送を営業部門に限って認めることを日本政府に通達する[25]．

（3）日本航空の誕生

　GHQの通達を受け，5社が国内航空事業の営業免許を申請する中，7年の空白期間を経た日本の航空産業を確実に発展させるため，行政指導により，これら5社を統合し，1951年8月1日，日本航空株式会社（現JALの前身）が設立された．8月27日から3日間，フィリピン航空からチャーターしたDC-3を金星号として招待飛行を実施した後，米国ノースウェスト航空から飛行機と運航乗務員をリースして運航を開始する．同年10月25日，記念すべき一番機，もく星号（米国マーチン202A）は早朝に羽田を発ち，大阪経由で福岡に到着した．
　翌1952年4月28日，サンフランシスコ平和条約が発効すると，連合軍による占領が終わり，日本は主権を回復する．航空の分野でも規制を解かれた日本は，

図2-2　国内線定期便第一便
もく星号
写真提供：JALグループ.

図2-3　国際線定期便第一便
シティ・オブ・トウキョウ号
写真提供：JALグループ.

完全な日本資本による国際航空事業への進出を目指して同年7月，航空法を施行し，翌8月には米国との間に日本初となる2国間航空協定を締結した[26]．すでに，日本には外国航空会社11社が乗り入れており，日本の自主運航開始に当たっては，これらに対抗し得る強力な航空会社の設立が不可欠であった．また，厳しい国際競争に晒される国際航空の分野では，政府が自国のナショナル・フラッグ・キャリアへの手厚い保護政策を採ることが当時の世界の趨勢であり[27]，日本政府は，持てる資金，施設，技術などをすべて投入し，官民一体で協力する"オールジャパン"体制による航空会社設立へと動く[28]．1953年10月1日，政府が50％出資する特殊法人として現在の日本航空株式会社（JAL, JAPAN AIR LINES）が誕生した[29]．そして，1954年2月2日夜，シティ・オブ・トウキョウ号（米国ダグラス DC-6）が，ホノルル経由サンフランシスコへ向け，羽田空港を飛び立ったのである．

（4）戦後の民間航空の発展と「45・47体制」

　日本の主権回復に伴い，日本航空の他にも航空会社が次々に設立された．しかし，再開されたばかりの航空市場は未成熟であり，日本航空を除く各社は，すべて純民間企業で経営基盤が脆弱であった．当時の運輸省（現国土交通省）は，運航の安全確保と国内航空事業の健全な発展を促す観点から，これらの航空会社の統合と再編を推進し，その後数十年続く，日本航空，全日本空輸，東亜国内航空（後に日本エアシステム）の大手3社体制が始まる（図2-4参照）．

　しかし，1960年代中旬から70年代初旬にかけて起きた全日本空輸の連続墜落事故や，東亜国内航空の成立前後の経営不振を受け，政府は，主要3社の運航路線や運賃を政府が調整することで競争を抑制し，航空業界の安定的発展と共

図2-4　日本航空を除く国内各社の統合

出典：筆者作成．

存共栄を図る観点から各社の保護育成を決定する．1970（昭和45）年10月，運輸政策審議会から運輸（現国土交通）大臣に答申された航空政策の基本方針が，同年11月，閣議了解となり，1972（昭和47）年 7 月，運輸大臣から通達された．以下に示す 3 社の事業分野の棲み分けが，和暦での年から通称「45・47体制」[30]と呼ばれる保護政策である．

　　日本航空　　：国際定期便と国内幹線（札幌，東京，大阪，福岡，那覇を結ぶ路線）．

　　全日本空輸　：国内幹線と国内ローカル線，近距離国際線チャーター便．

　　東亜国内航空：国内ローカル線と一部国内幹線．

（5）航空政策の転換

　1964年[31]の東京オリンピック開催に象徴されるように，1950年代半ばから1970年代前半の高度経済成長期を経て，日本は飛躍的な経済成長を遂げ，世界第 2 位の経済力を持つようになる．航空産業でも，国内各地の空港整備に後押しされながら飛行機のジェット化や大型化が推進されていき，航空旅客や航空貨物は増大の一途を辿った．日本航空が，1983年の IATA 国際線輸送実績で世界第 1 位となり，5 年連続でその座を守れば，全日本空輸は，1985年に国内線累計旅客数が 3 億人に達するなど，官民一体となった国家戦略が結実する一方，米国で1970年代末に始まった航空自由化が，航空会社間の熾烈な競争と低運賃化を進め，規制緩和が時代の潮流となっていた．日本国内でも，航空各社の競争促進による利便性やサービス向上を訴える世論が高まる中，1980年代半ばには政府も航空の規制緩和について検討を開始する．

　1985年 4 月，日米航空交渉に暫定合意すると，日米双方の貨物専門会社の新規乗り入れが可能になった．これにより，米国の貨物専門会社フェデラル・エキスプレスの日本乗り入れと引き替えに，日本貨物航空の米国乗り入れが実現[32]し，同年 5 月に就航を果たす．これは，国際線は日本航空の一社体制という「45・47体制」に抵触する事態であり，この事実には航空行政の政策転換が示されていた．同年12月には運輸政策審議会による中間答申を受け，政府は「45・47体制」の廃止を閣議決定し，翌1986年 6 月，運輸政策審議会による最終答申に基づき，「規制緩和による競争促進」を基本として，次の 3 項目からなる新航空政策へと転換したのである．

　①　国際線複数社体制

各国との新たな2国間航空協定の締結を前提に，それまで日本航空が一元的に運営していた国際線定期便に全日本空輸や東亜国内航空（後の日本エアシステム）も参入可能とする.

② 国内線競争促進

従来の「幹線」,「ローカル線」という区分を廃し，路線毎の需要に応じて「トリプルトラック化」または「ダブルトラック化」という複数社運航基準の考え方を導入し，各社の新規路線参入の促進を図る.

参入基準／年間需要	1986年	1992年	1996年
トリプルトラック	100万人以上	70万人以上	35万人以上
ダブルトラック	70万人以上	40万人以上	20万人以上

1997（平成9）年には参入基準そのものを廃止した.

③ 日本航空の完全民営化

日本航空の自主的，且つ責任ある経営体制の確立と共に，航空会社間の競争条件の均等化を図るため，1987年11月，日本航空株式会社法が廃止され，政府保有の全株式の売却をもって完全民営化された.

この航空政策の大転換は，日本の空を大きく変えていくこととなる.

✈ さらに詳しく　規制緩和後の航空業界について

　国際線複数社体制への転換により，全日本空輸が1986年3月の成田＝グアム，同年7月の成田＝ロサンゼルス，成田＝ワシントンを皮切りに，そのネットワークを加速度的に広げていく. さらに，1988年4月に東亜国内航空から商号変更した日本エアシステムも，同年7月の成田＝ソウルに始まり，中国線など近距離国際線を中心に就航していった.

　また，国内線では，既存大手3社による新規路線への参入に続き，1998年以降，新規航空会社の参入も始まる. 同年9月のスカイマークエアラインズ株式会社（現スカイマーク株式会社），12月の北海道国際航空株式会社（現株式会社 AIRDO）に続き，2002年8月にはスカイネットアジア航空株式会社（現株式会社ソラシドエア），2006年3月になって株式会社スターフライヤーの計4社が路線就航を果たした. 一方，政府認可で各社横並びであった国内航空運賃の設定も，1995年以降，段階的に弾力化されていく. 最終的に，2000年にはすべての規制が撤廃され，国内航空運賃は，政府による認可制から届出制へ移行し，航空各社には政府への事前通知だけが求められることとなった.

（6）アジア・ゲートウェイ構想

1990年代に入り，オープンスカイ政策が世界的な潮流となっていく中，アジ

アでも急速に空の自由化が進み，欧米との間で次々とオープンスカイ協定が結ばれていった．もともと日本は，国際航空市場での空の自由化には慎重な立場を取っていたが，2006年9月に発足した第一次安倍内閣が打ち出した「アジア・ゲートウェイ構想」の一環として，翌2007年5月，関西国際空港，中部国際空港を含む地方空港発着の国際航空について自由化を打ち出す．

　近年のアジア諸国の台頭を受け，日本が国際社会において埋没せず，アジアと世界の懸け橋となって成長し続けるには，航空の分野においても自由化に踏み切らざるを得ないと判断したのである．同年から発着枠制限のある羽田，成田の両空港を除く部分的オープンスカイ協定を韓国，タイ，マレーシアなどと締結した日本は，2009年12月には日米間での協定締結にも合意し，翌2010年10月，日米両政府が日米オープンスカイ了解覚書に署名した．

　なお，当初，発着枠に余裕のない首都圏の羽田，成田の両空港は適用外であったが，成田空港については，2013年夏ダイヤからオープンスカイ適用開始となった．2020年8月末現在，日本は36カ国とオープンスカイ協定を締結済みだが，未だに「羽田空港を除く」という制約は残る．

（7）日本航空と日本エアシステムの統合

　2002年10月，日本航空株式会社（JAL）と株式会社日本エアシステム（JAS）が，持株会社として発足した株式会社日本航空システムの下に事業会社として経営統合された[33]．国際線主体で国内線基盤の脆弱な日本航空と，経営基盤の弱い国内線主体の日本エアシステムを統合することで，両社のシナジーを最大限に活かし，バランスの取れた世界トップクラスの強い航空会社をつくることが目的であった[34]．その後，2004年4月，それぞれの事業会社は株式会社日本航空インターナショナル，及び株式会社日本航空ジャパンへと商号変更され，同年6月には持株会社の商号も株式会社日本航空に変更された．最終的には，2006年10月，合併によって事業会社を日本航空インターナショナルに一本化し，両社は完全統合を果たす．しかし，両社の統合は構造的に，国内・国際の事業バランスやスケールメリット，競争力強化という当初の狙いを十分に果たすことなく，その効果は極めて限定的となった．このことも，後の日本航空の経営破綻の原因に結びついていく．

✈ さらに詳しく　日本航空の経営破綻について

　21世紀に入り，世界的に航空業界が経営不振に陥る中，日本航空も例外となることはなく，経営悪化が進んだ．2001年の米国同時多発テロに続き，2003年のSARS（重症急性呼吸器症候群）の世界的流行やイラク戦争，2004年の鳥インフルエンザの世界的流行，2008年のリーマンショック，2009年の新型インフルエンザの世界的流行などが国際線旅客数の激減につながり，日本航空の経営に大きな打撃を与える．国内に比べて国際航空事業には，このように突発的な需要の急減を引き起こすイベントリスクの影響が大きく，全日本空輸も国際線の売上が大きく減少したが，当時の日本航空の国際線の売上は全日本空輸の3倍近くあり，影響はより深刻であった．また，日本航空は，首都圏の羽田，成田両空港の発着制限により便数に制約が課される中，より多くの旅客数や貨物量を取り込むため，国内線，国際線共に大型機による運航に頼ってきたことから，ボーイング747（ジャンボジェット）の世界最大のユーザーとなっていた．近年，首都圏両空港の発着枠拡大で制約解消が徐々に進むに従い，本来であれば，燃費効率の良い中型，小型の最新鋭機に機材更新し，利用率を高めながら多頻度運航による旅客の利便性向上を図るべきであったが，資金的に逼迫していた日本航空には迅速な対応は困難であった．

　2010年1月，株式会社日本航空は，株式会社日本航空インターナショナル，株式会社ジャルキャピタルと共に東京地方裁判所に会社更生法の適用を申請し，手続き開始の決定を受けた．翌2月，株式会社日本航空は証券取引所（東京，大阪，名古屋）市場第一部から上場廃止され，企業再生支援機構による公的管理の下で再建が始まる．2010年12月，事業会社であった日本航空インターナショナルが，親会社である日本航空とその子会社ジャルキャピタルを吸収合併し，業績もV字回復させると，2011年3月，会社更生手続きを終結させ，翌4月には株式会社日本航空インターナショナルから日本航空株式会社に商号変更する．そして，新生日本航空株式会社は，2012年9月，上場廃止から僅か2年半で東京証券取引所に再上場を果たした．なお，全日本空輸株式会社は，2013年4月，持株会社制に移行し，現在は，ANAホールディングス株式会社傘下の事業会社となっている．

注

1）当時の一般的な自動車エンジンが重過ぎたため，4気筒12馬力の彼らの自作ガソリンエンジンが搭載された．現在の原付バイクの標準的なエンジンが4〜5馬力であることを考えると，このエンジンのパワーがイメージしやすい．

2）浮力とは，液体や気体等の流れの中に置かれた物体に対して重力とは反対方向に作用する力，また，揚力とは，流れの中に置かれた物体に対し，流れの方向に垂直に作用する力を指している．したがって，同じ航空機でありながら，軽航空機と重航空機では浮揚する原理が全く異なる．

3）早くも6年後の1909年7月にはフランス人のルイ・ブレリオが，自作機ブレリオ XIでフランスのカレーからイギリスのドーバーまで38kmのドーバー海峡横断飛行に成功した．また，1914年1月にはセントピーターズバーグ・タンパ・エアポート・ライン社が世界初の定期旅客便の運航を開始した．米国製の飛行艇ベノイスト14により，

　　　フロリダ州タンパとセントピーターズバーグを結ぶ35 km のタンパ湾横断運航を行っ
　　　ている．この飛行艇ベノイストは滑走路の整備が十分でない当時，海面や湖面，川面
　　　など水面に胴体部分を接して離発着することが可能な上，僅か1名とはいえ，乗客を
　　　運ぶ商業運航を可能にした機体であった．そして，1919年2月になると，フランスの
　　　ファルマン航空社がパリとロンドンに世界初の国際定期便を就航させている．

　4）1914年7月に第一次世界大戦が始まると，軍用機として本格的な改良が進められ，急
　　　速にその数を増やしていき，1918年11月の終戦までに数万機に及ぶ軍用機が戦場に投
　　　入されたといわれている．

　5）米国でも1910年代から1940年代にかけて，マーティン社，ロッキード社，ボーイング
　　　社，ダグラス・エアクラフト社，マクドネル・エアクラフト社，コンベア社他，航空
　　　機メーカーが次々に設立されたが，当初はヨーロッパ同様，大戦用の軍用機の生産が
　　　中心であった．

　6）当時のプロペラ機に比べて飛行速度が倍増した上，高高度飛行で揺れも少なく，レシ
　　　プロエンジンとプロペラの騒音や振動から解放され，就航当初は快適性が絶賛された．

　7）ボーイング707やダグラス DC-8 など．

　8）世界初のターボプロップ旅客機の本格的な運用開始は，1953年4月のビッカーズ・バ
　　　イカウント700の就航からであったが，原型機はすでに1948年7月に初飛行していた．
　　　日本でも1962年8月，日本航空機製造 YS-11 が初飛行した．1965年4月に国内線に
　　　就航し，2006年9月で民間定期便からは退くが，自衛隊では2020年現在も現役である．

　9）同じく米国製のマクドネル・ダグラス DC-10（1971年8月就航），ロッキード L-
　　　1011 トライスター（1972年4月就航）など大型3発機の他，ヨーロッパで共同開発
　　　された双発のエアバス A300（1974年5月に就航）などがある．

10）現存する最古の航空会社．

11）領土，領海の上に存在する三次元的空間である領空に対し，その国が持つ完全かつ排
　　　他的な権利．

12）国土に大戦の痛手も受けず，すでに充実した鉄道網を誇っていた米国では，"飛行機
　　　発祥の地" ながら，航空事業への関心は高いとはいえず，政府による郵便事業を除き，
　　　航空需要はほとんどない状況であった．

13）条約のように批准などの手続きなしに，すべての国々に普遍的に適用される国際法．

14）他国の領空を通過する，または他国の領域に乗り入れるための特別な権利．

15）現在，国際航空運送に関する基本事項は2国間航空協定によって定められているが，
　　　その多くはバミューダ協定を範として策定されている．

16）この改正された協定をバミューダⅡと呼び，旧協定をバミューダⅠと呼ぶこともある．

17）これは，1919年に設立され，第二次世界大戦によって活動を休止していた国際航空輸
　　　送協会（International Air Traffic Association）を母体として発展させた民間団体で
　　　ある．ICAO と同じくモントリオールに本部を置く．

18）米国でも，黎明期には十分な競争力を持たない幼稚産業としての航空を保護し，発展
　　　させる観点から，航空市場への新規参入は規制され，運賃や路線開設での競争も制限
　　　されていた．

19）米国の狙いである国際航空市場での自由化は，英国の抵抗により潰えていたが，米国
　　　内には規制廃止による自由競争導入の必要性を訴える声が多かった．折しも，1973年

の第一次オイルショックの余波による1974年の航空燃料高騰と運賃値上げに不況も重なって航空需要が冷える中，路線開設の許認可を巡る航空会社の不満の鬱積に加え，航空会社から政治家への違法献金などの汚職も発覚し，先ずは国内航空の規制廃止に向けて動かざるを得なくなったのである．

20）航空協定において，航空会社が特定の国籍を持つことを規定した条項である．国籍を持つとは，政府であれ，民間であれ，国の資本により所有され，その国によって適正に管理されていることである．

21）よって，域内 C 国の航空会社が域内 D 国に本社を置くことや，域内 E 国の政府や民間の資本が域内 F 国の航空会社を買収することも可能となる．日本では航空法により，航空会社や航空会社を傘下に置く持ち株会社の外国資本比率は 3 分の 1 未満に制限されている．

22）乗員の戦死や機体の損害も相次ぎ，運航能力は低下の一方となり，戦争末期にはルートは寸断，燃料調達も困難な中，運航便数は激減していった．

23）全ての飛行場や航空保安施設が没収され，軍用機だけでなく民間機も処分の対象となり，航空機の運航，製造，修理の他，研究，教育まで完全に禁じられた．

24）1940年代半ばから始まった冷戦と1950（昭和25）年 6 月に勃発した朝鮮戦争を機に，GHQ の対日政策が急速に緩和され始めていた時期である．

25）航空機の製造や所有は許されず，運航も外国航空会社への委託という条件付きながら，ここで長い空白期間が終わり，国内航空事業の運営に日本人自ら参画できる日が再び訪れた．

26）発効は1953（昭和28）年 9 月，翌10月には ICAO に加盟している．

27）国を代表して国際線を運航した航空会社のこと．シカゴ条約により，国際線を運航する航空会社が 1 国 1 社に限定されたことによる．自由化後は，その国を代表する航空会社という意味で使われることが多い．

28）1953（昭和28）年 9 月の日米航空協定発効に向け，既存の日本航空株式会社を母体として政府出資を伴う特殊法人設立のため，同年 8 月 1 日，日本航空株式会社法を施行した．

29）旧日本航空は純民間会社で資本金 1 億円，半官半民となった新生日本航空は資本金20億円であった．

30）航空会社への拘束力の強さから「航空憲法」とも呼ばれた．

31）日本の経済成長の証である海外渡航自由化も同じく1964年のことである．

32）海運 4 社と全日本空輸が1978年 9 月に設立．現在は日本郵船の完全子会社となっている．

33）両社の略称の頭文字から「JJ 統合」とも呼ばれる．

34）前年 9 月に発生した米国同時多発テロが引き金となって国際旅客数が激減し，世界の航空会社が軒並み経営不振に陥る中，スイス航空，サベナ・ベルギー航空，ユナイテッド航空など大手の経営破綻が相次いだ2000年代初頭の経営環境もこの統合を後押ししたとみられる．これにより，日本の空は，大手 3 社体制から日本航空と全日本空輸の 2 強時代へと移った．

参考文献

ANA 総合研究所［2015］『エアラインオペレーション入門　改訂版』ぎょうせい.

井上泰日子［2008］『航空事業論』日本評論社.

井上泰日子［2010］『新・航空事業論』日本評論社.

井上泰日子［2016］『最新　航空事業論　第 2 版——エアライン・ビジネスの未来像』日本評論社.

川口満［1983］『エアライン入門——航空輸送概論普及版』日本航空協会.

国土交通省港湾局［2007］『アジア・ゲートウェイ構想について』.

坂本昭雄［1988］『現代空輸論』成山堂書店.

佐竹真一［2011］「EU における航空自由化と LCC ——欧州航空市場の統合過程と Low Cost Carrier の展開」『大阪観光大学紀要』.

佐貫亦男［1998］『発想の航空史——名機開発に賭けた人々』朝日新聞社.

鈴木真二［2002］『ライトフライヤー号の謎——飛行機をつくり上げた技と知恵』技報堂出版.

谷川一巳［2016］『ボーイング vs エアバス　熾烈な開発競争——100年で旅客機はなぜこんなに進化したのか』交通新聞社.

戸崎肇［2010］『図解　これからの航空ビジネス早わかり』中経出版.

日本航空［2016］『未来をつくる仕事がここにある——航空会社図鑑』日経 BP コンサルティング.

山野辺義方［1982］『航空業界』教育社.

山本忠敬［1999］『飛行機の歴史』福音館書店.

ANA グループ企業サイト〈http://www.ana.co.jp/group/〉（2017年 5 月 2 日閲覧）.

Aviation Wire〈https://www.aviationwire.jp/archives/205483〉（2020年 8 月11日閲覧）.

外務省ホームページ〈http://www.mofa.go.jp/mofaj/〉（2020年 8 月17日閲覧）.

国土交通省ホームページ〈http://www.mlit.go.jp/〉（2020年 8 月11日閲覧）.

JAL 企業サイト〈http://www.jal.com/ja/〉（2017年 5 月 2 日閲覧）.

JETRO（日本貿易振興機構）短信〈https://www.jetro.go.jp/biznews/〉（2020年 8 月11日閲覧）.

JTB 総合研究所ホームページ〈https://www.tourism.jp/〉（2017年 5 月 2 日閲覧）.

ボーイングジャパンホームページ〈http://www.boeing.jp/〉（2020年 8 月11日閲覧）.

日本貨物航空ホームページ〈https://www.nca.aero/main.html〉（2020年 8 月17日閲覧.

日本航空日本エアシステム［2002］『JAL・JAS 経営統合について』JAL 企業サイト—JAPAN AIRLINES Worldwide Sites〈https://www.jal.com/ja/ir/management/pdf/tougou130.pdf〉（2017年 5 月 2 日閲覧）.

（真野靖久）

第3章 空　　港

1　空港の概要

(1) はじめに

　航空機の到着，出発，移動のために使用される陸上又は水上の一定の区域を[1]飛行場（Aerodrome）といい，このうち公共の用に供する飛行場を空港（Airport）という[2]．

　空港には航空ネットワークの基盤としての機能のほかに，他交通機関との乗り継ぎや積み替えを行う交通の結節点としての機能，人々の交流拠点としての機能，不法入国や密輸，伝染病等の水際阻止，災害時の緊急避難等の安全・安心の拠点としての機能があり，国・地域の重要なインフラストラクチャーとなっている．

　世界最初の飛行場は，1909年8月に米国メリーランド州でライト兄弟の兄ウィルバー・ライトが陸軍通信隊の飛行訓練用に作ったカレッジパーク空港といわれている．当初，飛行場は軍事施設として建設されたが，第一次世界大戦が終わり1920年頃から民間航空輸送にも利用されるようになった．

　第二次世界大戦後，民間航空輸送の拡大とともに空港は建設ラッシュを迎える[3]．わが国においても，昭和31（1956）年に空港整備法（現空港法）が制定され，昭和42（1967）年からは7次に亘る空港整備5カ年計画や昭和45（1970）年の空港整備特別会計（現空港整備勘定）の設置により，全国に空港が整備されていった．

　1970年代末以降，米国カーター政権下で始まった航空自由化により，大手航空会社は特定の空港を拠点と定め路線を集中させるようになる．こうした空港をハブ空港といい，デルタ航空のハブ空港であるアトランタ空港は世界で最も旅客数が多い空港として知られている．また，国際航空流動の活発化に伴い，国際旅客の乗り継ぎや国際貨物の中継地として拠点化する空港も増えてきてい

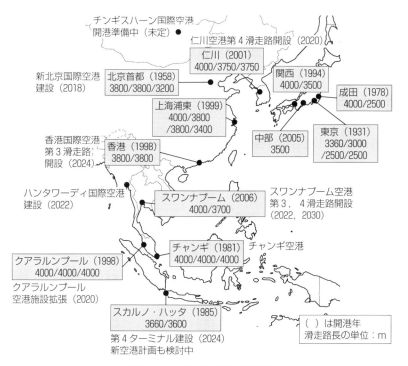

チンギスハーン国際空港
開港準備中（未定）●

仁川空港第 4 滑走路開設（2020）

仁川（2001）
4000/3750/3750

新北京国際空港
建設（2018）

北京首都（1958）
3800/3800/3200

関西（1994）
4000/3500

成田（1978）
4000/2500

上海浦東（1999）
4000/3800
/3800/3400

中部（2005）
3500

東京（1931）
3360/3000
/2500/2500

香港国際空港
第 3 滑走路
開設（2024）

香港（1998）
3800/3800

ハンタワーディ国際空港
建設（2022）

スワンナプーム（2006）
4000/3700

スワンナプーム空港
第 3，4 滑走路開設
（2022，2030）

クアラルンプール（1998）
4000/4000/4000

チャンギ（1981）
4000/4000/4000

チャンギ空港

クアラルンプール
空港施設拡張（2020）

スカルノ・ハッタ（1985）
3660/3600

第 4 ターミナル建設（2024）
新空港計画も検討中

（　）は開港年
滑走路長の単位：m

図 3‐1　アジアの拠点空港

出典：国土交通省の資料より筆者作成.

る．こうした空港はその地域の空の玄関口であることからゲートウェイ空港と[4]呼ばれている．これらの拠点空港の登場によって，空港はその国・地域の社会経済や都市機能の発展に極めて重要との認識が広がっていった．

　航空自由化以前は航空会社が国の定める空港以外へ乗り入れることは難しかったが，自由化以降は航空会社に路線決定の自由が与えられた．この結果，空港自らが「選ばれる空港」となるために，路線獲得に向けたマーケティング努力を求められるようになった．1980年代後半に始まる世界的な空港民営化の動きは，空港間競争が激化し，空港利用料の引き下げやサービス品質の向上が必須になったことと軌を一にしている．

　アジアの主要都市では更なる航空流動の増大に備え，既存空港の拡張や新空港の建設が相次いでいる（図 3‐1）．ゲートウェイ空港の競争が激化するなかで，日本の空港の民営化・国際競争力強化が課題となっている．

表 3 - 1　空港の分類

種　類		名　称	数
拠点空港	会社管理空港	成田国際・中部国際・関西国際・大阪国際	4
	国管理空港	東京国際・新千歳・稚内・釧路・函館・仙台・新潟・広島・高松・松山・高知・福岡・北九州・長崎・熊本・大分・宮崎・鹿児島・那覇	19
	特定地方管理空港	旭川・帯広・秋田・山形・山口宇部	5
地方管理空港		中標津・紋別・女満別・青森・大舘能代・花巻・庄内・福島・静岡・富山・能登・福井・松本・神戸・南紀白浜・鳥取・出雲・石見・岡山・佐賀・離島空港（名称省略）	54（うち離島34）
共用空港		札幌・千歳・百里・小松・美保・徳島（防衛大臣管理），三沢・岩国（米軍管理）	8
その他空港		調布・名古屋・但馬・岡南・天草・大分県央（地方自治体管理），八尾（国土交通大臣管理）	7
計			97

注：令和 2 年 8 月 1 日現在.
出典：国土交通省の資料より筆者作成.

（2）空港の分類

　日本には現在97空港^{5）}があるが，空港法ではこれらを ① 拠点空港，② 地方管理空港，③ 共用空港，④ その他空港の 4 つに分類している.

　① 拠点空港は国際航空輸送網又は国内航空輸送網の拠点となる28空港で，これらはさらに会社管理空港，国管理空港，特定地方管理空港の 3 つに分類されている．② 地方管理空港は国際航空輸送網又は国内航空輸送網を形成する上で重要な役割を果たす空港で，地方自治体が設置し，管理を行う54空港である．③ 共用空港は，自衛隊または米軍と国が共同管理する 8 飛行場をいう．④ その他空港は上記以外の 7 空港である（**表 3 - 1**）.

（3）空港の施設

　空港は，① 空港土木施設，② 空港建設施設，③ 航空保安施設，④ 空港機能施設で構成されている.

　① 空港土木施設は航空機の離発着に必要な基本施設（滑走路，着陸帯，誘導路，エプロン），飛行場標識施設，その他空港機能を確保するために必要な空港用地，空港内道路などの施設をいう．② 空港建設施設には，管制塔，管理庁舎，車

庫等がある．③航空保安施設は，電波，灯光，色彩又は形象により航空機の航行を援助するための施設で，航空灯火，無線標識施設，計器着陸装置などが含まれる．[9] ④空港機能施設は，各空港においてその機能を確保するために必要な航空旅客や航空貨物の取扱施設や航空機給油施設をいい，旅客ターミナルビル，貨物ターミナルなどが含まれる．

図3-2 空港の様子
写真提供：JALグループ．

2 空港の課題

（1）首都圏空港の発着容量不足

　世界的な航空自由化の流れのなかで，首都圏空港の発着容量不足は日本のオープンスカイ推進の足枷となってきた．[10] このため，国は羽田空港の再拡張，再国際化，滑走路運用や飛行経路等の見直し，成田空港の施設拡充や管制方式の高度化，夜間飛行制限の見直し等により首都圏空港の容量拡大に努め，羽田は49万回，成田は34万回，合計83万回まで発着枠が拡大している（図3-3）．

　それでも慢性的に発着枠は不足しており，成田・羽田は混雑空港に指定されている．[11] 混雑空港の発着枠の使用には国土交通大臣の許可が必要である．また，発着枠の配分方法や使用ルールは国土交通省が決定しており，決定にあたっては従前の使用状況，公正な競争環境の維持，地方ネットワークの維持などさまざまな政策的配慮がなされる．

　しかし，こうした配分のあり方は，ともすれば行政裁量や政策介入の余地を生む．特にドル箱路線の羽田の発着枠はその配分の如何によって航空会社の収支に大きな影響を与えることになるので，[12] 公平性・透明性・納得性を担保するためには，オークション制度など市場メカニズムに基づく新たな配分制度の検討も必要と考えられる．

　なお，令和2（2020）年1月，国は成田のB滑走路の延伸（2,500→3,000m）及びC滑走路（3,500m）の新設を許可した．これにより成田の発着容量は50万回に増え，羽田と併せ約100万回となる．令和10（2029）年3月（予定）の供用

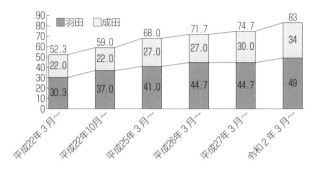

図3‐3 首都圏空港の容量拡大

出典：国土交通省資料をもとに筆者作成.

開始後は，首都圏の慢性的発着容量不足の緩和が期待される.

（2）空港事業の収益性

空港事業は大きく ① 航空系事業，② 非航空系事業にわけられる.

① 航空系事業の事業主体は空港管理者である[13]. 航空系事業の主な収入源は，着陸料，停留料，保安料や空港ビル地代等である.

② 非航空系事業の事業主体は空港機能施設事業者である[14]. 非航空系事業の主な収入源は，店舗や事務所などのテナントからの家賃収入，物販売上，飲食売上，駐車場収入，旅客取扱施設利用料等である.

日本では会社管理空港を除くほとんどの空港は，航空系事業主体と非航空系事業主体が異なる上下分離方式を採用してきた[15]. 投資リスクの分担・軽減をはかることで，空港基本施設の整備を促進することができたからである.

しかし，空港整備が概成した今日，上下分離方式は見直すべきとの意見が大勢を占めている. この方式では空港全体の事業性が不透明で責任の所在も曖昧となり空港全体の経営効率化に繋がらないというのがその理由である.

わが国の空港事業は航空系事業と非航空系事業の収支の不均衡と空港全体の収益性の低さが課題となっている. 2018年度の国管理空港（計25空港）の営業損益（本業の利益を示す）をみると[16]，航空系事業は22空港が赤字の一方，非航空系事業は全空港が黒字で両者に収支の不均衡が生じている. また両事業の合算では25空港中21空港が赤字となっている（表3‐2）.

諸外国の事例から，経営の上下一体化がこうした課題改善に有効とされている. 航空系事業と非航空系事業を一体経営することで，非航空系事業収入を原

表3-2　国管理拠点空港の収支状況（2018年度）

（単位：空港数）

	航空系事業		非航空系事業		航空系＋非航空系	
	黒字	赤字	黒字	赤字	黒字	赤字
営業損益	3	22	25	0	4	21
経常損益	5	20	25	0	10	15

出典：国土交通省の資料より筆者作成.

資とする空港全体の価値向上（着陸料の低廉化・施設の改装等）→就航路線や便数拡大→利用客の増加→非航空系事業収入の拡大→空港全体の価値向上といった好循環を生み出すことが期待されるからである.

（3）空港整備勘定

　日本における空港の設置，改良，維持運営，環境対策などの空港整備の財源は，空港整備勘定という国の特別会計で賄われてきた.[17]

　その自己財源は，空港使用料（着陸料や航行援助施設利用料など）と，財産処分や土地建物貸付料などの雑収入であり，予算額の8割を賄っている．残り2割は一般会計からの受入によるもので，その6割が航空機燃料税（税収入の7/9相当額），4割が一般財源からのものである（図3-4）.

　空港整備勘定の特徴はそのプール制度にある．この制度は航空事業者等が納めた各空港の空港使用料や航空機燃料税を一旦プールして一体管理し，政府の裁量でこれを各空港に再配分する制度で，採算性の高い拠点空港で得た収益を地方空港の整備に充て日本の航空ネットワークの早期形成に寄与してきた.

　しかし，プール制度には弊害もある．まず，①内部補助による所得移転の問題である．ある空港の収入が，他の空港の整備資金や運転資金に充てられる内部補助の仕組みは，その空港を利用しない人々から利用する人々への実質的な所得移転を意味し，受益者の負担の公平性に反するということである．また，②全国一律の着陸料等が適用され，機動的な着陸料の設定がされなかったことである．さらに，③個別の空港単位で独立採算制をとらないため，経営の透明化確保が難しく経営効率化に向けたインセンティブも働きにくいことである．加えて④資源配分が地元への利益誘導など政治的圧力等の影響を受けやすいことである.

　このようにプール制度の弊害も指摘される空港整備勘定であるが，平成25

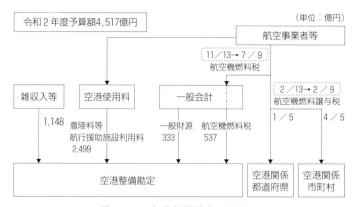

図 3 - 4　空港整備勘定の仕組み

注： 1 ．航空機燃料税は令和 2 年度から 3 カ年（沖縄路線においては 2 カ年）の特例措置
　　　の延長を要望．
　　 2 ．航空機燃料譲与税は令和 2 年度から 3 カ年の特例措置の延長を要望．
　　　　本則　　　26,000円/kℓ　→　18,000円/kℓ
　　　　離島路線　19,500円/kℓ　→　13,500円/kℓ
　　　　沖縄路線　13,000円/kℓ　→　 9,000円/kℓ
出典：国土交通省航空局 令和 2 年度航空局関係予算概要．

（2013）年度の社会資本整備特別会計の廃止時点で当面の存続が決定している[18]．
羽田空港の沖合展開に係る 1 兆円近い長期債務が残っていること[19]，空港経営改
革を見極める必要があるというのがその理由であった．

3　空港の民営化

　空港民営化は，海外では1987年の BAA（英国空港公団）の民営化を皮切りに，
ヨーロッパ，オーストラリア，アジア諸国に拡大し，1990年代には数多くの空
港が民営化していった．しかし，日本で空港民営化の議論が本格化したのは，
ようやく2010年代になってからのことである．
　平成22（2010）年 5 月に発表された国土交通省成長戦略では，全国の空港整
備が一巡し，整備から運営にシフトする状況を踏まえ，航空系事業と非航空系
事業の一体運営，民間への経営委託もしくは民営化を検討すべきとして，空港
の運営のあり方に関する検討会が設置されることになった．
　同検討会は，平成23（2011）年 7 月に報告書『空港経営改革の実現に向けて』
を取りまとめた．経営一体化の推進，民間の知恵と資金の導入，プロ経営者に
よる空港経営の実現などの基本方針を示し，真に魅力のある空港の実現と国民

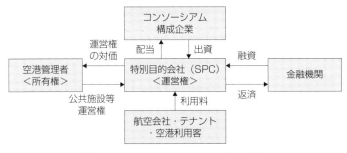

図3-5　コンセッション方式の概要

出典：筆者作成.

負担の軽減を図るよう提言を行った.

　平成25（2013）年7月には，民活空港運営法[20]が施行され，空港運営は，PFI法[21]に基づいたコンセッション方式による民間事業者への経営委託が可能となった. コンセッション方式は，民間事業者が空港管理者から設定を受けた「公共施設等運営権」に基づいて空港の運営を行う方式である. 運営権を受けた民間事業者は自由に空港使用料を設定し，自己の収入として収受できる（図3-5）.

　コンセッション方式により民間事業者が空港運営を行う場合には，① 航空系事業と非航空系事業を一体的に行うこと，② 運営権の存続期間は永続的ではなく30年から50年程度を目安とすること，③ 滑走路等及び空港航空保安施設の維持管理のため修繕や更新投資等を行うこと，④ 空港使用料は航空会社や利用者の負担が大幅に増大することがないように留意することなどが条件とされた.

　民活空港運営法の施行を受けて，2016年4月，オリックス，仏空港運営大手ヴァンシ・エアポートらが関西・伊丹の両空港の44年間の運営権を獲得した. これを皮切りに，全国各地の空港で民営化の動きが進んでいる（表3-3）.

　しかし，その一方で民営化による問題点も指摘され始めた. IATA は2018年6月の年次総会において，各国の政府が不十分な検討で空港を民営化することで長期的な空港の社会的な便益が損なわれる可能性がある，と指摘した.

　日本国内においても，2018年9月の台風21号による関西国際空港の機能停止[22]を端緒に，空港民営化の問題点が指摘された. 主な指摘は，① 危機管理における空港管理者と運営事業者の責任範囲の不明確さ，② 運営事業者のガバナンスの乱れによる意志決定の遅れ，③ 運営事業者の航空会社の運航に対する

表 3 - 3   拠点空港・地方管理空港の民営化

空港	開始時期・運営期間	運営事業者	コンソーシアム
関西国際・大阪国際	2016.4 (44年間)	関西エアポート（株）	オリックス，ヴァンシ・エアポート他．
仙台	2016.7 (30年間)	仙台国際空港（株）	東急電鉄，前田建設工業，豊田通商他．
高松	2018.4 (15年間)	高松空港（株）	三菱地所，大成建設，パシフィックコンサルタンツ，シンボルタワー開発
神戸	2018.4 (42年間)	関西エアポート神戸（株）	オリックス，ヴァンシ・エアポート，関西エアポート．
鳥取	2018.7 (6年間)	鳥取空港ビル（株）	従来からターミナルビルを運営していた鳥取空港ビルに運営権を譲渡し上下一体化．
福岡	2019.4 (30年間)	福岡国際空港（株）	福岡エアポートホールディングス，西日本鉄道，三菱商事，チャンギエアポートインターナショナル，九州電力
静岡	2019.4 (20年間)	富士山静岡空港（株）	三菱地所，東急電鉄
南紀白浜	2019.4 (10年間)	（株）南紀白浜エアポート	経営共創基盤，みちのりホールディングス，白浜館
熊本	2020.4 (33年間)	熊本国際空港（株）	三井不動産，九州電力，九州産業交通ホールディングス他
北海道内7空港	新千歳 2020.6 旭川 2020.10予定 稚内，釧路，函館，帯広，女満別 2021.3予定 (30年間)	北海道エアポート(株)	北海道空港，東京急行，日本政策投資銀行，北洋銀行，北海道銀行，北海道電力他
広島	2021.7予定(30年間)	未定	現在2グループが応募中．

出典：国土交通省等の資料をもとに筆者作成．

理解の不足，④ 空港運営に熟知した実務経験者の流出，などであった．

　これらの指摘を踏まえると，空港民営化にあたっては今後以下の点を考慮していくことが肝要と考えられる．① 営利追求と公共性確保のバランスを十分に考慮すること，② ステークホルダー間の情報共有や連携を十分に図ること，③ 危機管理体制の強化と責任の所在の明確化を図ること，④ 運営事業者のコーポレートガバナンスの強化，⑤ 空港運営の経験・ノウハウを蓄積し，確実にサービスレベルを向上させること，などである．

✈ さらに詳しく　新しい観光における空港の役割

　新型コロナウィルスの流行を契機に，観光のあり方が見直されている．マーケット，プロダクト，サービスの多様化，デジタルトランスフォーメーションやマーケットインテリジェンスへの投資，SDGs や持続可能な観光への取り組み等，単にコロナ以前の観光に復旧するということではなく，量から質への転換，効率的な事業運営，環境保全や安全安心を重視した新たな観光を創造しようという試みである．

　新しい観光では，今後，Safe, Sanitary, Seamless, Contactless, Touchless といった言葉がキーワードになると考えられる．With コロナ，After コロナの時代にあっては，人の移動に伴う感染拡大リスク軽減のため，安全衛生管理の徹底，非接触行動の拡大，交通結節点での滞留時間の削減等が必要となるからである．

　空港は航空ネットワークの基盤，人々の交流拠点として多くの人が利用するため，可能な限り社会的距離を保ち，接触機会を減らさなければならない．空港内レイアウトの工夫や，自動チェックイン，事前座席予約，顔認証システムの導入，自動手荷物預かり機の利用促進等により，係員とのコンタクトを極力減らす必要がある．商業施設では一層のキャッシュレス化を促進することも不可欠である．

　また，空港は水際対策の前線基地として従来以上に重要な役割を担う．空港検疫や到着口でのサーモグラフィによる検温，発熱者に対する迅速な隔離や診察・検査の実施，旅行者相談センターの設置などにより感染予防・拡大防止に努めなければならない．

　加えて交通結節機能の役割を担う空港は，旅行客のシームレスな移動を目指すことを考えなければならない．手ぶら観光の導入や複数の交通手段を一体的な移動サービスとして提供する MaaS（Mobility as a Service）等により，旅行者の利便性向上や事業者の業務効率化を図るとともに，乗り継ぎや手荷物受領のための待ち時間や行列を極力減らし混雑緩和を図る必要がある．

　一方で，旅行者の側も，自己の行動が旅行先や旅行経路での感染を拡げる可能性があると自覚し，良識ある行動をとることが求められている．近年は旅行者が主体性や責任感をもって行動する，というレスポンシブルツーリズム（責任ある観光）という考え方が広まりつつある．空港利用の際にも，責任ある旅行者として，空港当局や各事業者と協力しながら感染拡大防止に努めなければならない．また，今後はそうした旅行者を空港が選別するという発想もでてくるかもしれない．

　新型コロナウィルス感染症の蔓延は，今後，旅行スタイルを大きく変える可能性があり，その変化に合わせて空港の機能や果たすべき役割，空港運営のあり方についても見直しが必要である．ステークホルダー間で連携をとりながら，前広にその検討を進めていくことが求められている．

■注────────────────────────────
1）ICAO（国際民間航空機関）第14附属書に Aerodrome の定義が示されている．
2）空港法2条に空港の定義が示されている．
3）米国中央情報局（CIA）のデータによれば，2013年現在，世界には41,821カ所の飛行場がある．地域毎の比率は北米が35.9%，中南米が30.1%，欧州12.4%，アジア太平

　　　洋が10.5％，アフリカが8.1％，中東が2.9％となっている.

4 ）ゲートウェイ空港を国際ハブ空港と呼んだり，ハブ空港とゲートウェイ空港をまとめ
　　てハブ空港と呼んだりすることも多い.

5 ）このうち空港法 2 条が定義する空港は89空港である．共用空港（ 8 空港）は空港法附
　　則 2 条 1 項の政令で定める飛行場であり，本来は 2 条に規定する空港にあたらないが，
　　国土交通省の資料にならってこれを含め97空港とした．なお，公共用ヘリポート20カ
　　所も空港法 2 条が定義する空港にあたるが空港数に含めていない.

6 ）航空機の安全の確保および被害の軽減のために設けられた，滑走路を取り囲む長方形
　　の区域.

7 ）　乗客の乗降や貨物の積み下ろし，給油，整備などのために航空機を駐機させる区域
　　をいう.

8 ）空港近辺を飛行する航空機，滑走路に離着陸をする航空機，地上を走行中の航空機に
　　対する飛行場管制業務を担う.

9 ）　Instrument Landing System（ILS）．着陸しようとする航空機に対して，誘導電波
　　で進入方向，進入経路，滑走路までの距離を示すことにより，視界が悪い時でも安全
　　に着陸できるように支援する装置である．ILS のカテゴリー（精度）は，その空港の
　　最低気象条件の決定要因となるため，空港機能上極めて重要な意味合いを持つ.

10）　2 国間の航空協定で定めた航空路線，便数，運賃等の規制を撤廃し，これらを民間が
　　自由に決定できる仕組みをいう.

11）当該空港の使用状況に照らして，航空機の運航の安全を確保するため，当該空港にお
　　ける 1 日又は一定時間当たりの離陸又は着陸の回数を制限する必要があるとされる空
　　港をいう（航空法107条の 3 ）．現在，成田国際，東京国際，関西国際，大阪国際，福
　　岡の 5 空港が指定されている.

12）　1 枠（ 1 往復）当り国際線で約100億円，国内線で20〜30億円の増収効果があるとい
　　われる.

13）空港管理者（国土交通大臣・地方公共団体・空港会社）は，国土交通大臣が定める
　　「空港の設置及び管理に関する基本方針」に従って空港供用規程を策定し，空港基本
　　施設等の維持管理・運営を行う.

14）空港機能施設事業者（空港ビル会社，駐車場を管理する空港環境整備協会など）は，
　　国土交通大臣の指定により，空港機能施設の建設，維持管理，運営を行う．その多く
　　は地方自治体が出資する第三セクターである．一般的に，第三セクターの経営は，政
　　策目的の達成に重点が置かれるため，民間企業に比べると経営効率性が相対的に低い
　　といわれている.

15）空港機能施設を上物，空港土木施設，空港建設施設，航空保安施設を下物と呼ぶ.

16）国が管理する拠点空港（コンセッション空港である仙台・高松をのぞく）17空港，共
　　用空港（民航利用がなかった千歳空港を除く） 7 空港，国管理のその他空港である八
　　尾空港の計25空港.

17）国の予算には一般会計と特別会計があり，特別会計は特定の事業や資金運用の状況を
　　明確にするため，特定の歳入・歳出を一般会計から切り離して経理するものである.

18）　空港整備勘定は，かつては空港整備特別会計と呼ばれ，昭和45（1970）年，空港整
　　備特別会計法に基づく特別会計として誕生した．平成20（2008）年度に道路整備特別

　会計や港湾整備特別会計などとともに社会資本整備事業特別会計に統合され，社会資本整備特別会計の空港整備勘定として区分経理されるようになった．平成25（2013）年度に社会資本整備特別会計は廃止されたが，空港整備勘定は残され経過勘定として自動車安全特別会計に統合された．
19）完済は2040年度を予定している．
20）正式名称は，民間の能力を活用した国管理空港等の運営等に関する法律．
21）正式名称は，民間資金等の活用による公共施設等の整備等の促進に関する法律．
21）高潮による冠水やタンカーの衝突による連絡橋の損壊により空港機能が停止し，一時約8000人の乗客と空港関係者が閉じ込められた．

参考文献

Doganis, Rigas［2010］*Flying Off Course,* New York: Routledge, pp. 64-130.

アン，グラハム［2010］『空港経営　民営化と国際化』中条潮・塩谷さやか訳，中央経済社，pp. 125-203.

井上泰日子［2019］『最新・航空事業論──エアライン・ビジネスの未来像』Kindle 版，日本評論社，no. 2690-2897.

ANA 総合研究所［2008］『航空産業入門──オープンスカイ政策からマイレージの仕組みまで』東洋経済新報社，pp. 90-111.

国土交通省航空局監修［2019］『数字でみる航空2019』航空振興財団.

東京大学航空イノベーション研究会他編［2012］『現代航空論　技術から産業・政策まで』東京大学出版会，pp. 125-140.

轟木一博［2016］『空港は誰が動かしているのか』日本経済出版社，pp. 176-234.

中条潮［2014］『航空幻想─日本の空は変わったか』中央経済社，pp. 158-249.

野村宗訓・切通堅太郎［2010］『航空グローバル化と空港ビジネス── LCC 時代の政策と戦略』同文舘出版，pp. 89-189.

ページ，ステファン（Page, Stephen）『交通と観光の経済学』［2001］木谷直俊他訳，日本経済評論社，pp. 267-300.

国土交通省ホームページ「空港一覧」「空港別収支」「国土交通省所管特別会計に関する情報開示」「今後の首都圏空港のあり方について」〈http://www.mlit.go.jp〉（2020年8月11日閲覧）.

Central Intelligence Agency ホームページ「THE WORLD FACTBOOK」〈https://www.cia.gov/library/publications/the-world-factbook/fields/2053.html〉（2017年2月27日閲覧）.

（平 野 典 男）

第 4 章　LCC（低コスト航空会社）の世界的躍進

1　LCC（低コスト航空会社）の概要[1]

（1）概　　観

LCC は Low Cost Carriers（低コスト航空会社）の略で，日本でも認知度が向上しつつあるが，実は長い歴史がある．米国のサウスウェスト航空が確立したビジネスモデルを採用している航空会社群をさし，格安航空会社と呼ばれる場合も多い．フルサービスキャリア（FSC）に比較して格安の運賃を提供して新たな航空需要を創出し，同時に FSC からも需要を摘み取りつつ急成長している．

（2）LCC ビジネスモデル

LCC ビジネスモデルは**表 4 - 1**に示すようにさまざまな工夫によりコストを削減しつつ FSC の半額以下の運賃を提供するモデルで「経営技術の革新」とも称される．最重要な要素の１つが単一機材の使用だ．事業全体の簡素化に加え運航乗務員・整備士の訓練，ライセンス取得，人員配置の効率化および補給部品の最小化等がコスト削減に寄与する．積極的な新機材の導入は燃料費と整備費用の節約につながる．

座席はエコノミークラスのみとし，配置数を多くして生産量を増やしてコスト削減を図り，搭乗率（L/F）を高めることにより収入稼得機会を増やす．

サービスの簡素化，選択と集中，および付帯収入増にも注力する．マイレージプログラムは提供せず，飲食物や預入手荷物などの無料サービスを廃止し，基本運賃に含まれないサービスを有料化し，さまざまな付帯サービスを積極的に売り込んで収入増も図る．

短距離線でのポイント・ツー・ポイント運航に特化し，乗り継ぎサービスをせず（比較：ハブ・アンド・スポーク［第 7 章 2 （2）b］），ハブ空港ではなく混雑

表 4 - 1　代表的な LCC ビジネスモデル

	代表的な項目	コスト削減	収入向上
1	単一機種に統一（ボーイング737，エアバス A320 など）	○	
2	高密度な座席仕様	○	○
3	短距離運航（概ね4時間以内）	○	
4	2地点間直行路線	○	
5	折り返し時間を短縮（20分程度）	○	
6	機材の高稼働	○	○
7	二次的空港を使用	○	
8	無料の機内サービスを廃止	○	
9	有料化（付帯サービス収入）		○
10	自社サイトによるオンライン販売	○	
11	社員多機能化	○	

出典：航空経営研究所資料をもとに筆者作成.

していないサブ空港の利用で空港経費を節約し，折り返し時間の短縮により機材稼働率を向上させる．機材稼働率が上がればその分収入稼得機会が増加する．

　インターネットなど自社での予約を中心とし旅行会社への手数料支払いを回避し，1人の従業員に複数の業務をアサインし業務効率化をはかる．

　ただし LCC といっても多様性があり，忠実に LCC ビジネスモデルを追求する LCC が存在する一方，より FSC 的なビジネスモデルを追及するハイブリッド LCC も増加している．中・長距離線に参入する LCC も出現し始めている．

（3）LCC の成長要因

　FSC は多様な目的の旅行者に対応しようとするためビジネスモデルが複雑になると同時に，ライバルとの競争の過程で消費者が望む以上の品質を備えたサービス競争を展開する傾向が強く，このためコストが高くなる傾向が強い．

　他方，LCC は低運賃の提供により，高くなり過ぎた FSC の運賃を嫌う低運賃志向の顧客を取りこむ．大胆なサービスの単純化，簡素化などでこれまでと全く異なる属性のサービスを提供して航空を利用しなかった層を新規に取り込み，「空飛ぶバス」とも呼ばれる．これらの LCC のイノベーションを破壊的イノベーションと呼ぶ［杉山 2012］．

（4）LCC の歴史

　LCC ビジネスモデルを本格的に発展させたのはサウスウェスト航空である．

1968年にテキサス州内のみを運航する州内運航会社として誕生，1971年に運航
開始し，独自のビジネスモデルを開発した．1978年の航空規制緩和を機に州を
超えた運航を開始し，着実に成長を遂げてきた．2001年の米国同時多発テロ以
降も事業を拡大しつつ，2010年までには輸送旅客数1億人を超す世界一航空会
社にまで上り詰め，40年以上にもわたり連続して利益を計上している．

　このビジネスモデルが世界に広く模倣され，まず航空市場が統一されたEU
で急成長を果たし，その後東南アジア，南アジア，中南米といった新興国でも
驚異的なペースで成長している．

　LCCの躍進を可能とする重要な環境条件として，自由な路線参入・運賃設
定を担保する航空自由化・規制緩和がある．地域による自由化の進展度合いの
違いがLCC進展のタイミングやシェアの差となって表れる．

　ITの進展も重要な要件である．インターネットを通じて世界の旅行者に対
し直接的かつ自由な航空券の販売を可能とした．ITの進展がもたらした航空
ビジネスの自由度の恩恵は計り知れない．

2　LCCの世界的躍進と市場へのインパクト

（1）地域別LCCシェア

　図4-1に示すように現在世界の航空会社が供給する全座席数の約1/3が
LCCの座席数である．短距離線に限れば4割を超すと推定され，LCCの座席
利用率（L/F）はFSCよりも高いので旅客数でみるとさらに多い．

　地域別では，LCCの歴史が長い北米が30％近辺で飽和状態となっている．
大手FSCが倒産・合併を繰り返す中でコスト削減を実現し，対LCCでコスト
競争力を身に着けた結果である．サウスウェスト航空自身もビジネス客の取り
込みを狙ってハイブリッド化しており，以前に比べて価格優位性を失っている．

　欧州では，1990年代半ばに完成したEUの航空自由化の波に乗る形でLCC
が国境を自由に超えて驚異的に成長した．特に同時多発テロ以降急速にシェア
を伸ばして北米を追い抜き，LCC座席シェアが44％となっている．年間約1
億5000万人を輸送するライアンエアや同9000万人を輸送するイージージェット
は世界のメガキャリアとして君臨している．

　アジア太平洋地域のLCCの歴史は新しく，国内線では2000年に豪州国内市
場にバージンブルー（現バージンオーストラリア）が，国際線ではエアアジアが

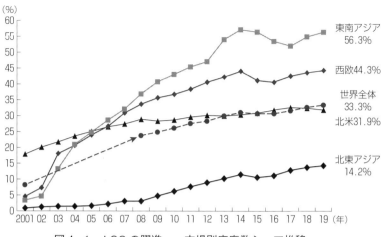

図 4 - 1　LCC の躍進──市場別座席数シェア推移──

注：2019年は10月までの統計.
出典：CAPA（Center for Asia Pacific Aviation）データより筆者作成.

2003年末にクアラルンプール＝バンコク間に就航したのが最初である.

　中でもその後の東南アジアにおける LCC の進展は驚異的で，国際線参入開始わずか10年後には LCC シェアが50％を超すに至った．エアアジアグループやライオンエアグループが急成長，輸送旅客数がそれぞれ7000万人，5000万人である．2015年末に成立したアセアン10カ国の航空自由化（多国間オープンスカイ）と域内人口の所得水準の上昇の効果が大きい．オセアニア地域は成熟市場であり急成長は望めない．最も遅れているのは日本・中国を含む北東アジアで，2019年10月時点で LCC の座席シェアが14％であった.

（2）国内線 LCC シェア

　国内市場における下剋上も進んでおり，図 4 - 2 に示すようにアジアや中南米の多くの新興国では国内線の LCC の座席シェアが50％を超し，大型 LCC が国を代表するフラッグキャリアを凌駕するようになった．その後に欧州各国や北米が続く．他の新興国とは対照的に中国，ロシアが10％程度と低水準であることが注目される．北東アジアでは隣国の韓国が50％以上と突出しているが，一方日本では 9 ％と世界の中でシェアが最も低い部類に属している.

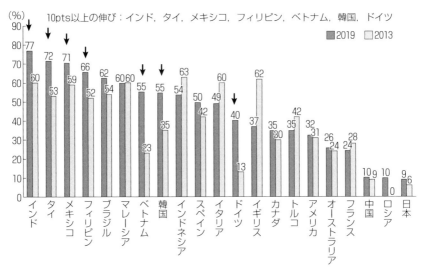

図4‐2　主要国国内線 LCC 座席シェア2013，2019年

注：2019年は10月までの統計．簡単のため一部地域省略．
出典：CAPA データをもとに筆者作成．

（3）大手 FSC への影響

　航空自由化が進展する中で（第2章2‐4参照）大手 FSC の経営破綻，合併による業界統合，マルチブランドの出現，など LCC が市場・業界変革の大きな触媒となってきた．

　米国では同時多発テロ以降 FSC が需要低迷で続々と経営破綻し，チャプター11（連邦破産法第11条）適用によるリストラを余儀なくされ，その後大手 FSC 同士の合併へと発展した．合併によりコスト削減を実現した FSC が蘇えり，このことが LCC シェアの伸び悩みの原因となっている．

　欧州でも域内航空自由化の波に乗って LCC のシェアが急拡大し，特に欧州域内線の需要が LCC にシフトした．スイス航空やアリタリア航空などが経営破綻する一方，他の FSC も生き残りをかけての合併や買収を余儀なくされた．エールフランスと KLM オランダ航空，およびブリティッシュ・エアウェイズとイベリア・スペイン航空の合併や，ルフトハンザ・ドイツ航空によるオーストリア航空やスイス航空の買収など国を代表するナショナルフラッグキャリアの再編が進んだ．

　東南アジアでは2000年以降シンガポール航空，タイ国際航空，マレーシア航

空などの FSC の旅客数が伸び悩み，エアアジアグループの1/3と，LCC に市場の成長部分を完全に奪われる状況になった．

　その他の地域ではブラジルのフラッグキャリア，バリグ・ブラジル航空が経営破綻して LCC の GOL に買収され，メキシコでは LCC 進出のあおりを受けて国営のメキシコ航空が経営破綻した．

（4）マルチブランド戦略，合弁会社設立

　アジア太平洋地域で2つの新潮流が生まれた．カンタス航空は域内でいち早く「ツーブランド戦略」を掲げ LCC 子会社のジェットスターを対等なパートナーとして立ち上げ，グループ全体での旅客数増加および利益確保に成功した．この成功を見て同地域の多数の FSC がこれを模倣する動きが顕著となり，目的に応じて複数の LCC 子会社を持つ「マルチブランド戦略」も採用されている．シンガポール航空のスクート，大韓航空のジンエア，アシアナ航空のエアブサン，エアソウルなどがこれに該当する．

　同地域でのもう1つの特徴は，例えばエアアジアのタイエアアジア，インドネシアエアアジアなどの外国での合弁会社の設立である．外国航空会社の完全買収が不可能な同市場で，国境を越えて自社ブランドを普及させるための手段として，またマルチブランド戦略の一環として，LCC，FSC ともに積極的に採用している．エアアジア，カンタス航空，シンガポール航空およびライオンエアなどが自由化対応，北東アジア進出を目的として積極的に採用している．JAL，ANA もこの流れの中で LCC 子会社を外国航空会社との合弁で設立した［丹治 2019］．

3　日本の LCC

（1）2011年以前

　2000年の航空法改正による国内航空自由化で運賃設定や路線参入が自由になった．1998年に参入したスカイマークエアライン（現スカイマーク）および北海道国際航空（現 AIRDO）をはじめとして，スカイネットアジア航空（現ソラシドエア），スターフライヤーなどが新規参入したが，これらの規模拡大速度が遅く，また経営破綻などで多くは ANA の傘下に入った．特に北海道国際航空は運賃半額を明確に標榜して（これは概念として LCC といえる）話題を呼んだが，

2012年までに日本ではLCCビジネスモデルが羽ばたくことはなかった.

（2）2012年（LCC元年）以降

2010年に「国土交通省新成長戦略」が策定され，航空関係重要6分野の中に「オープンスカイ推進」および「LCC参入推進」政策が掲げられた. 外国LCCが地方空港も含めて積極的に参入を開始し，また2012年には和製LCCのピーチ，ジェットスタージャパンおよびエアアジアジャパンが参入を果たした. 2012年が「LCC元年」と呼ばれる所以である（2020年時点でピーチにANAが67％，ジェットスタージャパンにJALが50％出資）.

この政策に沿って関西国際空港（以下，関空）がLCCターミナルを建設し，成田空港（以下，成田）および中部国際空港（以下，中部）がそれに続いた.

日本乗り入れ外国LCCについては，特に2013年3月から成田へのオープンスカイが適用されたことで増加した. 短距離線では，中国の春秋航空が最大規模で，日本国内と中国間に約20路線を有し，日本と韓国間においては，韓国のLCCが6社参入し，日本＝韓国の運航便数全体の半数をLCCが占めるに至った（2020年時点）.

東南アジアや豪州から長距離線LCCが就航した. 2007年に就航したジェットスターが最も歴史が古く，エアアジアXは羽田空港就航で注目を浴び，以遠権を利用して関空＝ホノルル線も開始した. その他スクートがシンガポール＝台北＝札幌線に就航するなど参入LCCおよび就航路線も多様化している.

成田および関空はLCC参入により便数，旅客数の最高記録を更新し，2020年当初，関空では国際線でのLCC便数シェアが3割以上に達した. その効果で国際線旅客は外国人が日本人の倍以上となり，成田もオープンスカイ適用でLCCの参入が相次ぎ，国際線旅客の半数以上が外国人となった.

✈ さらに詳しく　日本のLCC各社の歩み

日本のLCC各社については，関空を基地とするピーチは早くから経営が軌道に乗ったものの，成田を基地とするジェットスタージャパンおよびエアアジアジャパンは当初から大幅な赤字を余儀なくされ，結局エアアジアジャパンは1年で日本市場から撤退し，機材と人材はANAのLCC子会社バニラエアに引き継がれた.

【ピーチ，エアージャパン】

ANAと香港企業の合弁会社ピーチは早期の黒字化達成で日本市場でもLCCが根付くことを立証した. 沖縄，仙台および新千歳に基地を追加した. のちにバニラエアを買

収して日本最大のLCCとなった．2020年時点で38機を運航し，将来50機体制とする構想であった．

　ANAはコロナ後にビジネス需要は元に戻らないと予測し，LCCにより注力する方針を発表した．その一環としてピーチの強化に加えて，第3ブランド（社名未定）としてエアージャパンを長距離線LCCとして運航する計画を明らかにした．

【ジェットスタージャパン，ZIPエア】

　成田を基地とするジェットスタージャパンはJALとカンタス航空の合弁会社で，JALが株式の50.1％を保有している（2020年現在）．当初関空への基地展開が遅れるなど事業計画の見通しの誤算から巨額の赤字を余儀なくされていたものの，2015年度にようやく黒字化を果たし経営状況が改善した．25機を運航し，LCCながら国内線で多くのビジネス客を取り込む戦略を進めた．

　JALはまた長距離路線への参入を目的としたZIPエアを設立した．現在就航先はソウル，バンコク，ハワイである．JALもまたニューノーマルに向けた事業構造の見直しの一環としてLCC部門のZIPエアの強化を掲げ，さらにジェットスタージャパン，春秋航空との連携強化を行う．この目的で150億円の予算を計上した．

【春秋航空日本】

　JTBが出資する春秋航空日本は機材数，路線数とも少ないが，日中航空協定の制限により中国の親会社春秋航空が得られない日中路線権益を担う形で重慶，武漢，天津，上海およびハルピンに就航している．赤字脱却が同社の最大の課題である．JALはコロナ後のLCC部門の強化を目指し，春秋航空との提携を促進する計画を明らかにした．

【その他】

　楽天が出資するエアアジアジャパンは中部への参入で日本市場再参入を果たしたが，コロナの影響で倒産した．

（3）日本のLCCの特徴

　日本のLCCの特徴の1つはエアアジアのような企業家精神旺盛な経営者が率いる独立系の大手LCCが存在しないことである．ANA，JAL系LCCは親会社に対して果敢に挑戦する場面も少ないため，親会社への影響も他国ほどではない．また機材発注数を見ても諸外国のLCCと比較して控え目だ．

　LCC全体としては，さまざまな制約がありコスト高になる国内路線から，インバウンド急増で活性化している国際線にリソースをシフトする動きがみられる．

　日本の国内線LCC旅客シェアは2015年度に10％に達したが，（国土交通省），その後は10％前後で推移し，政府目標の14％（2020年）に到達する見通しが立っていない．国際線LCC旅客シェアは2015年度に13.6％（国土交通省）だが，その後内外LCCの国際線参入が急増し，2018年度には25.5％となっており，

政府の目標の17％（2020年）をすでに大きく上回っている［丹治 2019］.

4　長距離線 LCC

（1）長距離線 LCC のビジネスモデル

　世界の短距離線航空市場で躍進を果たした LCC が，時間とともに進化し，飛行時間 4 〜 6 時間の中距離線市場でもすでに一定のプレゼンスを確保している．このような中，10時間以上の超長距離線にも進出する LCC が続々出現している（詳細は，丹治［2019］参照）．JAL も長距離線 LCC 子会社 ZIP エアを設立したことで，日本においても見過ごせない新たな潮流となりつつある．

　短距離線で有効な LCC ビジネスモデルが，運航距離が長くなるほど有効ではなくなるという理由から，従来長距離線 LCC は成立が難しいとされていた．しかし最近長距離線 LCC 路線が多く出現しており，技術革新なども伴い従来の説が当てはまらない状況も出ている．

　長距離線になるほど旅客の快適性を確保する必要があり，ギャレーなどの機内設備やプレミアムクラスの併設で座席数を減少せざるを得ない．長距離線になれば FSC も LCC 同様稼働時間を稼ぐことができる．飛行時間が 8 時間以上になると機材を 1 機で回すことが難しくなり，効率的な機材まわしが困難になる．運賃は距離に対して逓減するが人件費や燃料費など飛行時間に比例してかかるコストもあり，長距離線では飛行時間増加分以上の燃料の消費を余儀なくされる．運賃が安い LCC では少しの燃料価格の上昇でも採算性が悪化する．

　一方航続距離の長い小型機の出現が長距離線 LCC にとっては追い風である．

（2）長距離線 LCC 市場

　世界の国際線航空市場における長距離線 LCC の座席シェアは 4 ％程度と推定され，まだまだ小規模だ．豪州国際線市場が最も歴史が長く，近年10％程度で安定的なシェアを維持しており，今後シェア拡大は見込まれていない．北大西洋市場はノルウェイジャンなどの長距離線 LCC のシェア拡大で2018年には 9 ％程度となり，いずれトップに躍り出ると期待されていたが，その後倒した会社も出て伸び悩んでいる．欧州 FSC は対抗措置として長距離線 LCC 子会社を市場に参入している．東南アジア＝欧州市場では 4 ％程度と見られるが，遠距離のため今後の成長のポテンシャルはそれほど高くないと予測されている．

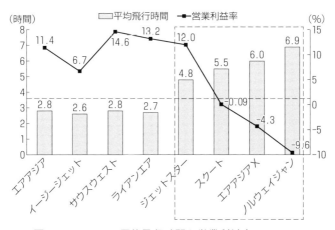

図4-3　LCCの平均飛行時間と営業利益率（FY18/19）

注：Jetstarは利子・税引前利益率.
出典：CAPAデータをもとに筆者作成.

（3）長距離線LCC運航会社と業績

図4-3に示すように，長距離線LCCを運航する代表的な航空会社の平均飛行時間（棒グラフ）はノルウェイジャンの6.9時間，エアアジアXの6時間，スクートの5.5時間およびジェットスターの4.8時間である．またライアンエアなどのその他の大手LCC4社の平均飛行時間は3時間弱で短距離戦中心である．

FY18/19営業利益率（折れ線グラフ）は，スクート，エアアジアXおよびノルウェイジャンが軒並み赤字で，唯一平均飛行時間がより短いジェットスターが黒字である．以前から平均飛行時間約6時間以上の長距離線LCCが赤字になる傾向は常態化していることから，FSCの本格的な脅威となるかどうかは現時点では未知数といえる．

ただし今後運航コストが安いA321neoLRや737MAX-8などの長距離小型機の積極活用が状況を改善する可能性も秘めている．

5　LCCの功績と今後

LCCの偉大な功績は世界で「ツーリズム革命」を起こしてきたことである．これまで航空を利用できなかった，またはしなかった旅行者が気軽に利用できるようになった．アジアや欧州では平均5000〜6000円程度でいつでも飛行機に

乗れ，ネットワークが充実したLCCをビジネスで使う企業も増えた．

　距離・国境の壁を乗り越えて容易に移動できることが人々のライフスタイルにも大きく影響を及ぼし，旅行者が支出する運賃，ホテル代，飲食代，レジャー支出の増大でLCCは就航地域の経済活性化にも大きく貢献していた．

　始まったばかりのアジアの大交流時代の中でもLCCは大変大きい役割を果たしていた．人口減少とGDP伸び悩みに悩む日本もインバウンドツーリズムの興隆による地域の経済活性化にLCCが大きく貢献していた．

　しかしCOVID-19の発生で世界の航空業界は航空需要が突然「蒸発」するという前代未聞の大打撃で激変した．それまでの10年間は世界の航空需要が25億人から45億人と大きく伸び，燃油高にも関わらず航空会社は利益を計上していた．まさに天国から地獄という形容がこれ以上ふさわしい状況はない．

　世界の航空業界にとってはFSC，LCCを問わず早期に元の状況に回復することが望ましいことは論を待たない．ただしエアライン業界では需要の回復過程で以下に述べるような両者間の競争が発生し，これまでと異なるニューノーマル市場が生まれる可能性があると指摘されている．

　たとえば国家による財政支援については国を代表して国際線を運航するFSCに手厚く，独立系のLCCには不利である．反対に予想通り国際線の需要回復が遅れればFSCに不利となる．テレワークやオンライン会議・システムツールの普及でビジネス需要の回復が遅れることもビジネス旅客による正規運賃利用（第9章参照）を期待するFSCにとって不利となる．

　一方観光需要がより早くCOVID-19流行以前の水準に回復すればLCCが有利となり，さらなる躍進が期待できるであろう．今後どちらがニューノーマル市場でシェアを拡大するのか，社会情勢の動きとともに注視が必要である．

　日本政府は2030年までの訪日旅客数6000万人の目標を維持しており，この達成のためにもFSCの完全回復に加えてこれまで同様LCCのさらなる推進が必須となる．この未曽有のピンチをチャンスに変え，あらゆる政策を総動員してまず航空需要全体を早期に回復させることが重要となろう．

■注
1）各社経営状況および統計については基本的にCOVID-19発生直前までの情報に基づく．

参考文献

CAPA（Center for Asia Pacific Aviation）データベース.

赤井奉久・田島由紀子［2012］『「格安航空会社」の企業経営テクニック』TAC 出版.

杉山純子［2012］『LCC が拓く航空市場』成山堂書店.

丹治隆［2006］「グローバル・ツーリズム―― LCC が新たなツーリズム変革の旗手に」
　　国際交通安全学会『IATSS Review』Vol. 31, No. 3, pp. 35-45.

丹治隆［2008］「急激に変貌する豪州航空市場――大胆な「2 ブランド戦略」で攻めに転
　　じるカンタス航空」『運輸と経済』68巻4号（掲載通号730），運輸調査局，pp. 49-60.

丹治隆［2010］「LCC を中心に見た世界の航空業界動向」『運輸と経済』運輸調査局，pp.
　　51-63.

丹治隆［2011］「わが国における空港政策が航空会社経営におよぼした影響について」『運
　　輸と経済』運輸調査局，pp. 24-37.

丹治隆［2012］「航空事業における税制の現状と課題―― LCC 成長へ公租公課見直し必須，
　　まず航空機燃料税の廃止が急務」『運輸と経済』運輸調査局，pp. 40-56.

丹治隆［2013］「交通需要本格活性化のための新交通政策の提言」『桜美林論考マネジメン
　　トレビュー 2013年3月』pp. 31-54.

丹治隆［2014］「急速に進化するアジアの空，日本の失地回復の行方は」『桜美林論考マネ
　　ジメントレビュー2014年3月』pp. 61-87.

丹治隆［2018］「LCC とオープンスカイは日本の空を変えたのか？」『桜美林論考マネジ
　　メントレビュー2018年3月』pp. 29-56.

丹治隆［2019］「世界の長距離線 LCC の現状と成長への課題」『桜美林論考マネジメント
　　レビュー2019年3月』pp. 21-42.

丹治隆［2019］『どこに向かう日本の翼―― LCC が救世主となるのか――』晃洋書房.

永井昇［2006］『米国低コスト航空企業の経営革新』内外出版.

航空経営研究ホームページ〈https://www.jamr.jp/〉

CAPA 「COVID-19. By the end of May, most world airlines will be bankrupt」
　　〈https://centreforaviation.com/analysis/reports/covid-19-by-the-end-of-may-most-
　　world-airlines-will-be-bankrupt-517512〉

ICAO 「COVID-19 Response and Recovery Platform」〈https://www.icao.int/covid/
　　Pages/default.aspx〉

IATA 「COVID-19 Resources for Airlines & Air Transport Professionals.」〈https://
　　www.iata.org/en/programs/covid-19-resources-guidelines/〉

NAA「2021年3月期（第16期）中間決算説明会」資料〈https://www.naa.jp/jp/ir/pdf/
　　pdf20191122_setsumei.pdf〉

国土交通省［2017］「LCC の事業展開の促進」〈http://www.mlit.go.jp/com
　　mon/001179271.pdf〉

国土交通省［2020］「交通政策白書2020」〈https://www.mlit.go.jp/report/press/con
　　tent/001348418.pdf〉他

（丹治　隆）

Column 1：
エアアジアのミッション "Now everyone can fly." の意味

　LCC のエアアジアの機体にはミッションである "Now Everyone Can Fly" の文字がプリントされている．日本からは，格安航空券を購入した若者を中心にバケーション旅行者の利用が多い．

　私は縁あってここ10年間タイ南部のパンガ県にある Yaowawit School Kapong と言う孤児院のお手伝いをしている．2006年に創設されドイツの NPO 法人 "Children's World Academy Foundation" により運営されている．創立当初はスマトラ沖地震による津波で親を亡くした子どもたちを預かる施設であったが，近年は貧困家庭の 4 歳の幼稚園児から中学生までがタイ文部省に認定された全寮生活を行っている．基本はタイ語で学習するが幼稚園生から英語教育は充実している．

　毎年授業で学生を連れ訪問しているが，日本の大学生からすると裸足で駆け回る子どもたちに戸惑う光景が毎年当たり前となっている．タイ語ができない日本人学生は 4 日間の滞在で語学力ではない本来の人間としてのコミュニケーション力が試されこととなる．帰国時には双方泣きの別れとなる．

　その裸足だった子どもたちの卒業生の80％以上は大学に進学し，中には国費の奨学金を得て海外留学をする者もいる．その卒業生があるとき連絡をしてきて，エアアジアを利用して日本を訪問することとなり，何年ぶりかに日本人学生と一緒に会食をすることとなった．

　長距離バスしか知らないタイの地方の若者にも，グローバリゼーションの波は押し寄せており，彼らが世界から知見を得て新たな国作りの先駆者となると確信した．この意味では，エアアジアのミッション "Now everyone can fly." の貢献は大きなものと実感している．

〈参考資料〉Yaowawit School Kapong 〈https://www.yaowawit.org/〉

（日 坂 幸 司）

第 5 章　これからのエアライン・ビジネス

1　データからみるエアライン・ビジネス

（1）世界の人口動向からみるエアライン・ビジネス

　国連は世界の人口を2019年の77億人から2030年に85億人，2050年に97億人に増えると推計している．また，年間所得1万5000ドル以上の中間所得人口の人口比で注目されるは中国とインドを擁するアジアであり，2020年で23億人になると経済白書でも推計されている．これらからアジアからは目が離せず，日本発着の航空需要はアジアとの結び付きが増すことになる．

（2）世界のツーリズム動向からみるエアライン・ビジネス

　UNWTO（国連観光機関）によると2018年の国際観光客到着数は前年比5.4％増の14億人にのぼった．空陸の内訳をみると，空路のシェアは58％であり，2000年には46％であった空路シェアから大幅に増加している．

　また，UNWTO の長期予測 *Tourism Towards 2030* では，2010年から2030年までの間に，国際観光客到着数は年平均3.3％増加し，2030年までには18億人になることを予測している．

　この UNWTO の予測を見ると，米州は安定的な伸び，アジアとアフリカは顕著な伸びであり，観光資源豊富なヨーロッパも含めて，日本からは全方位的なツーリズムが展開されると考察できる．

（3）航空旅客と航空貨物の需要からみる・エアライン・ビジネス

　一般財団法人日本航空機開発協会は，「航空需要は，RPK ベースで2018年の8兆2,590億人キロメートルから2038年には19兆4,000億人キロメートルと2.3倍になり，その間の平均伸び率は4.4％である．その中で，アジア／太平洋地域は年平均5.3％の伸びを示し，そのシェアは2018年の34％から2038年には40

表5-1 2030年の国際観光旅客数・伸び率・地域シェア

	国際観光客到着数 (100万人)	2010年→2030年 (伸び率・%)	地域シェア (%)
世界	1,809	2.9	100.0
アジア・太平洋	535	4.2	29.6
米州	248	2.2	13.7
ヨーロッパ	744	1.8	41.1
アフリカ	134	4.6	7.4

出典: UNWTO [2011] *Tourism Towards* 2030.

％に増加する」と予測し,「航空貨物需要は,RTKベースで2018年の2,550億トンキロメートルから2038年には5,470億トンキロメートルと2.1倍となり,その間の年平均伸び率は3.9％である.アジア／太平洋地域は4.6％の伸びを示し,そのシェアを2018年の35％から2038年には40％に拡大し,旅客と同様に世界最大の市場となる」と予測している.

これらの予測からも判るように,航空旅客と航空貨物の需要は拡大していく.特に,アジアがエアライン・ビジネスにとって中心になっていくと考察できる.

(4) エアラインのアンシラリー・ビジネス

アンシラリー収益とは,エアライン・ビジネスに付帯するサービスで上げる収益という意味であり,IdaeWorksCompanyとCarTrawlerが行った航空会社のアンシラリー収益の調査を見ると,2015年から2019年の4年間の全世界合計で367億円から756億円となり,2倍以上となっている.

航空会社におけるアンシラリー収益の主なものは,機内における飲食,バゲージ・チェックイン,プレミアム席利用,優先搭乗サービスであり,その他に,航空利用客への宿泊施設販売やレンタカー販売のコミッション,提携先パートナーへのマイレージ販売などがある.

現代のエアライン・ビジネスにとり,このアンシラリー収益は欠かせないものとなっており,今後も変わらないであろう.

2 航空会社間の硬柔連携の進展

(1) 経 営 統 合

日本においては,2002年10月1日に日本航空と日本エアシステムが経営統合

した．それ以降も，世界における経営統合の主なものとしては，エールフランス航空と KLM オランダ航空の共同経営体制への移行，デルタ航空とノースウエスト航空，ユナイテッド航空とコンチネンタル航空，サウスウエスト航空とエアトラン，ブリティッシュエアウェイズとイベリア航空，アメリカン航空と US エアの経営統合がある．これらは，航空会社間の競争，テロや感染症による需要減，世界経済の悪化，燃油費の高騰等の要因による経営悪化の打開策として経営統合を図ったものや，経営の積極的拡大策によるものなど，経営統合の理由はさまざまである．航空会社間の統合や連携には，関係国のアンチトラスト法による規制や自国の航空会社への外国資本規制等をクリアしなければならないが，今後も拡大していくことになるであろう．

（2）アライアンス

Star Alliance, Sky Team および oneworld の3大アライアンスに加盟するエアラインで，世界の RPK の59％と，営業収入の64％を占めている．アライアンス誕生以前の状態では個別の航空会社間の競争が主であったものが，アライアンス誕生後はアライアンス間の競争へと変化してきている．航空会社にとり，アライアンスに加盟せず競争に打ち勝っていくのが厳しい状況になってきている．

しかし，アライアンスに加盟していればすべて順調に進むということではない．2017年2月から，ワンワールドに加盟している日本航空と，スカイチームに加盟しているチャイナエアラインとが提携を開始するなど，アライアンスの枠を越えて，他のアライアンスに加盟している航空会社とコードシェア等の業務提携をするケースも出てきている．今後はアライアンス加盟を前提・基盤にして，さらにその枠を超えた提携も増加していくであろう．

3　運営形態の変化

（1）外国資本による所有規制の緩和と撤廃が進む可能性

空港運営の形態を見ると，民間によるものや民間資本との合同した空港運営が当たり前になってきている．

航空会社も国営から民営へと変化してきたが，今後はグローバル化の加速とアライアンスの進化に伴い，航空会社に対する外国資本の所有規制の緩和と撤

廃が進むかもしれない.

（2）新しい航空会社の運営形態の誕生も

ホテルの運営形態では，マネジメント契約，リファーラル，フランチャイズの運営形態があるが，ブリティッシュエアウェイズがフランチャイズ展開をしたように，航空会社の運営形態も所有と運営が別形態になるようなことが多く起こるかもしれない．高評価の航空会社のブランド力やノウハウを利用して運航することが顧客側からみても信頼感が増すことになる.

（3）FSC と LCC のビジネスモデルの変化

サービスによる差別化を図るという観点から，FSC のなかには，質・量とも現在より大幅上回るに改善された豪華なサービスを展開する航空会社が登場することも十分考えられる.

航空会社がそれぞれのビジネスモデルを変化させたり創設したりして，顧客の注目を惹くべく展開することも十分考えらえる．かつて日本航空が機内で食事サービス時に CA が着物を着てサービスを行ったり，すし職人を搭乗させて顧客の前で握ったりするなど独自のサービスを考えてきたように，航空会社の独自性を出すことに一層頭をひねっていくことになるであろう.

また，LCC のなかには，路線によって，業務渡航需要の獲得促進を図ることを加速させる会社も出てくるであろう．そのため，LCC が上級クラスの創設，ラウンジサービスの提供，機内食や機内エンターテイメントサービスの提供，遅延時の補償などを行うことも起こりえるであろう.

4 社会貢献と責務

企業の社会的責任（CSR）は，配当の維持やコンプライアンスだけではなく，製造委託先を含めた関連会社の雇用や労働条件が人権に配慮されていること，ステークホルダーへ適切な対応がなされていること，環境問題へ配慮されていること，地域社会へ貢献を行うことなど企業が果たすべき責任である.

航空会社へは飛行する地域への貢献や協賛が求められており，それに応える形でさまざまな貢献をしている．また，Tourism Social Responsibility という考え方からも，航空会社は，サスティナブルな観光の告知，新規観光資源の紹

介，観光デスティネーションとしての新規需要の開拓を今後も大いに求められていく．例えば日本航空は，航空需要の時期的な落ち込みを何とかしたいとの発想からホノルルマラソン，沖縄キャンペーン，スキーツアーキャンペーン等を創り上げ定着させた．これらは需要開発のみならず，Tourism Social Responsibility の発想に基づくといえる．

　今後も航空会社は，社会貢献と Tourism Social Responsibility を一層進化させていくことになる．

　また，航空会社は航空機から排出される CO_2 を削減する責務を負う．2016年第39回 ICAO 総会では191カ国が国際線温室ガスの排出規制についての枠組みに合意した．2020年以降は CO_2 を増加させることはしない，超過した分は各エアラインが排出権を購入しなければならないというものであり，2021年以降に自発的参加国64カ国により開始され，2027年以降は本格運用されることになる．このように SDGs の観点から CO_2 排出抑制などの責務を負っていく．

5　日本の航空会社の今後

　45-47体制で国の政策下の時代からオープンスカイの時代へ進み，さらなる規制緩和と LCC の路線展開が行われる時代にある．また，新幹線網の拡大と誕生するリニア新幹線などの地上輸送機関との競合が激化する時代でもある．

　激化する内外の航空会社との競争に勝ち残るために，日本の航空会社は，需要喚起はもちろんのこと，費用削減をすることが一層の競争力向上のために重要である．具体的には，自助努力で削減可能な人件費などの費用削減や，自社の努力によってはコントロールすることができない空港使用料等の費用減額について推進を図ることの必要性も起こる．それらと合わせ，選択される航空会社であるための独自性や品質・サービスの向上が問われていることは言うまでもない．おもてなしの国である日本の航空会社には，乗りたい航空会社・乗り続けたい航空会社のナンバーワンとなり，それを継続していくことが今後も内外の顧客から求められていくことであろう．

参考文献

United Nations, *World Population Prospects, the 2015 Revision.* 〈https://esa.un.org/unpd/wpp/〉

United Nations World Tourism Organization, *UNWTO Tourism Highlights*, 2019 Edi-

　　tion.
経済産業省・国土交通省「物流分野の CO_2 排出量に関する算定方法ガイドライン」.
財団法人日本航空機開発協会「民間輸送機に関する市場予測 2019-2038」.
内閣府「経済財政白書／経済白書」(令和元年).
ICAO「CORSIA・国際航空のための炭素相殺と削減スキーム」.

(林　　良　隆)

第6章 航空産業をめぐる新たな潮流

1 コロナウイルスによる航空業界, および関連産業の変容

2020年に世界を襲った新型コロナウイルスの影響は, さまざまな面において, 従来の社会・産業構造の見直しを迫ることになった.

その中でも深刻な打撃を受けたのは航空を始めとする交通産業, 旅行・宿泊を中心とする観光関連産業である. これは日本だけに限ったことではない. 航空産業においては, 全世界的に航空会社は苦境に陥り, 経営破綻に至ったり(タイ国際航空, ヴァージン・オーストラリアなど), 政府からの巨額の資金注入によって何とか生き残りを図るという状況に至った. サービスの水準の高さで常にベストエアラインとして名前が挙がってきた航空会社も例外ではなかった.

特にLCCは厳しい経営状況にさらされることになった. コロナ対策を通じて従来のビジネスモデルの大幅な見直しを迫られることになった.

2 観光政策の転換

(1) インバウンド推進政策の見直し

新型コロナウイルスの問題は, 日本が2012年以来推進してきたインバウンド誘致政策の大幅な見直しも強いることになった. 観光立国化を進める中で, 海外から日本を訪れる観光客, インバウンドの数は急増, 対前年で毎年400万人ずつ増加するほどの伸びを示してきた.

こうした勢いに陰りが出始めたのが2019年度であり, 日韓関係の悪化や台風や集中豪雨, 地震の影響により, インバウンドの伸びには急激なストップがかけられた. それに輪をかける形で2020年度に新型コロナウイルスの問題が生じることになった.

それまで, インバウンドの受け入れの限界性は, さまざまな面で現れてきて

いた.

　まずは大都市空港の発着枠の供給制約が深刻になっていた. 地方空港でのインバウンドの受け入れも積極的に推進されてきてはいたが, やはりインバウンドの受け入れは東京の比重が圧倒的に重い. 首都圏には羽田空港と成田空港があるが, 都心に近い羽田空港に対する航空会社の乗り入れ需要の方がどうしても大きくなる. これに対して, 羽田空港は4本の滑走路があるけれども, 国内線の中心空港でもあるために, 国際線に十分な発着枠を提供することはできない. 東京オリンピック開催などの需要増大に応えるべく, 2020年3月には首都圏上空を飛行するルートを可能としたが (これに対しては, 騒音問題や航空機からの落下物の問題に対する都市住民の懸念があり, 国土交通省は何度も住民に対する説明会を開催し, 合意形成に努めた), それでも増枠は十分とはいえない状況に留まっていた.

　2次交通の問題も顕在化していた. 2002年の道路交通法の改正により, バス, タクシー, トラックといった交通モードは, それまでの台数規制 (事業者にバス, タクシー, トラックの最低保有台数を設定することで, ある程度の経営規模がある事業者のみが市場で活躍できるようにするもの. これによって事業者はある程度の利益を確保するよう配慮される代わりに, ドライバーなどの労働条件を改善, 維持することを通して, 安全な運行が常に実現できるよう義務付けられることになる) が撤廃され, 競争政策が強力に進められていった. その結果, 過当競争状態に陥り, ダンピング (不当な安売り行為) が横行し, ドライバーなどの労働条件は劣悪化していった結果, 疲労による事故が発生し, 多くの犠牲者が出てしまうことになる.

　このような状況では, 当該業界に人手が集まらず, 若手を中心とする労働者不足, ドライバーの高齢化が進むことになる (若い世代は家族を養うに足るだけの賃金を得ることができないため, この業界での就業を選べない). その結果, 従来この業界で働いてきたドライバーか, 年金などの下支えにより, 低い賃金でも何とかやっていくことのできる高齢者がこの業界を支えざるを得なくなっている. 最近ではシェアリング・エコノミーの考え方から, 2種免許を保有しないドライバーを積極的に活用しようという動きがあるが, それはドライバーの供給を安易な形で賄うことによって, 逆にドライバーの労働条件をさらに悪化させる結果となっている.

　このような結果, 観光バスなど, ドライバー不足が深刻な状態となり, 急増するインバウンド旅客の移動手段を提供できないことになってしまったのである. 特にクルーズ船による来日の場合には, 一時に大量の旅客をバスに乗せて

移動させる必要がある．そのため，違法行為ではあるが，他府県のバス事業者からバスを回してもらって，この需要に応えなければならなかった．

ところが，コロナウイルスの影響で一気に需要が落ち込むと，こうした交通事業者は一挙に経営が悪化し，倒産の危機にさらされることになった．再度インバウンド需要が回復してきたときに，2次交通をどのようにそれに対応させるべく復活させるかは非常に重要な問題である．

（2）オーバーツーリズムへの対応

また，オーバーツーリズムの問題が日本でも顕在化してきており，重要な問題として取り上げられるようになってきた．2019年度に日本で開催された観光サミットの主要テーマは，このオーバーツーリズムであった．大量に押し寄せるインバウンド旅客は，観光地周辺の地域コミュニティの機能を麻痺させ，自然環境を破壊し，文化的摩擦に基づくさまざまな問題を引き起こしてきた．日本では京都や鎌倉といった地域がその代表的な例となり，京都では大きな荷物を抱えたインバウンド観光客などが多数利用することで，地元の人々が市バスに乗れないという事態も生じていた．

コロナウイルスの影響で，こうした事態は一時的に解消されたが，観光需要が恒久的に停滞することはない．そして，日本は観光大国化を目指さなければ経済的成長は見込めないような体質になっている．そのために，オーバーツーリズムの対策は観光先進国の事例を参考として綿密に行っていかなければならない．

（3）「数」から「質」への転換：富裕層の取り込み

こうした状況においてどのような政策の転換が求められるだろうか．それは，これまでのように「数」を追い求める観光政策から，「質」を追求する観光政策へ軌道修正を徐々に図っていくことが重要であるということである．これまで見てきたように，できるだけ多くの観光客を取り込んでいこうという取り組みには，そのベースとなる空港，2次インフラなどに限界が生じている．たとえ，AIなどの活用による自動運転などの技術が導入されてきたとしても，数を追う政策は，環境破壊や文化摩擦といった問題を必ず引き起こすことになる．持続的な観光による発展を目指すためには，従来の路線をある程度継承しながらも（急激な方向転換は現実的に無理であろう），1人当たりの消費額が大きい，あ

るいは日本を訪れることによって，その後のビジネスにつながっていくような
影響力のある人々を優先的に日本に誘致することが望ましいものと考える．つ
まりは富裕層をどこまで取り込んでいくことができるかということである．

　すでにこのような方向転換をしている地域は多くある．マカオがその有名な
例である．マカオは，通常人口の数十倍の観光客がマカオを訪れ，受入能力の
限界に達していた．そこでマカオの観光局は，「質」のよい観光客を積極的に
取り組む方針を明らかにし，実践してきている．

　日本でも，富裕層を受け入れるような宿泊施設を100カ所建設するという方
針が政府要人によってなされたが，それが本当に世界の富裕層を受け入れるの
にふさわしいものとなるかどうかはこれから注視していく必要がある．航空業
界の観点からは，ビジネスジェットの普及・受け入れ体制の整備ということが
早急に進められるべき課題として浮上している．

3　ビジネスジェットと新たな視点の導入

（1）ビジネスジェットの今日的価値

　ビジネスジェットといえば，2019年末に元日産会長のカルロス・ゴーン氏の
海外への脱出に使われたことで一躍脚光を浴びることになった．一方，新型コ
ロナウイルスの最中にあって，ヨーロッパでは，不特定多数の他者と接触する
ことなく安全に移動できる手段として，ビジネスジェットの需要が高まってい
る．

　日本ではまだ一般的に受容されていないビジネスジェットであるが，機体に
ついてはホンダが開発したホンダ・ビジネスジェットが好評で，同程度の規模
の機体の中でトップの売上を上げている．

　日本ではビジネスジェットはまだお金持ちの遊び道具といった程度の認識し
かなく，もしそれを保有すれば，個人であれば，羨望の的にはなるものの，社
会的評価に直接結びつくというわけではない．これが企業の場合には，株主や
投資家から無駄な金遣いをしていると批判されることになりかねない．

　しかし，現代のように，ビジネスにせよ，一般人の QOL（生活の質）の向上
を図るにせよ，時間価値を最大化することが重要である．特にビジネスにおい
ては，情報化が進んでも，ビジネスの最前線を実際に視察し，的確に指示を与
えることをタイムリーに行わなければ市場の急激な変化などに対応できない．

そして，実際，市場は急激に変化するようになっている．

　ビジネスジェットでは移動中に本格的な仕事を行うこともできる．ミーティングを行うことも可能だし，周囲の目を気にすることなく，パソコンの操作や地上との会話を行うこともできる．

　さらには，離発着できる場所さえあれば，基本的にはどこにでもいつでも飛んでいくことができる．経済活動のグローバル化が深化し，航空会社が定期路線を引いていない場所にもビジネスの現場が広がっている．こうした場所に効率よく移動するためにはビジネスジェットは有効である．

　経済効果を期待して大規模なイベントが開催されれば，海外各国から多くの要人が来日することになる．その際，多くの要人はビジネスジェットを利用するだろう．日本において，その受け入れ体制が十分であるとはまだ言えない状況にある．というのは，その多くが着陸を希望するであろう羽田空港において，ビジネスジェットに対する発着枠の割り当てが少ないからである．ロンドン・オリンピックが開催された際には，ビジネスジェットの受け入れをどうするか，について官民が一体となって4年前から協議を重ねてきたという．日本でも対策が急がれる．

　そして，前節の最後でも触れたように，ビジネスジェットの問題は，観光政策の面でも重要である．富裕者の層は厚く，彼らをターゲットとした観光政策を進めていく上で，ビジネスジェットを利用しやすい環境を構築していくことが求められる．

　特に中国では，富裕層が増加しており，しかも彼らの消費性向は高いため，彼らを日本に誘致することで，その後の日中間のビジネスの促進につながることも期待することができる．

　ビジネスジェットの受け入れを促進するためには，発着枠を増やせば済むものではない．乗客の動線においてどのように特別な配慮をすることが可能なのかを検討し，それを実現していくことも求められる．

　従来，航空政策においては平等主義的な考え方がとられてきた．それは，戦後，高度経済成長の波にのって国民全体の生活水準が急速に向上していく中，航空需要もそれに伴って急速に増大していったが，その需要に応える過程で，大型機などが導入され，日本の玄関口である羽田空港はそうした航空会社の定期便をさばくので手一杯と言う状況で，1機当たりの輸送者が数人というビジネスジェットに貴重な発着枠を提供することは輸送効率が非常に悪く，とても

受け入れられないものだった．一般の多くの旅客を優先したのである．混雑する大空港でビジネスジェットを受け入れることは「お金持ちを優遇する」ことになるといった否定的な考え方がビジネスジェットの普及を拒んだのである．

　しかし，実際にビジネスジェットの利用者は，高い料金を支払っているのであり，上述のように，さまざまな付随する経済効果をもたらすものである．こうした発想の転換を行うことで，東京オリンピックや大阪万博の開催を契機として，ビジネスジェット受け入れの環境を整え，海外からの飛来の積極的誘致，ならびに日本国内での普及を促進していくことが望ましい．

　カルロス・ゴーン氏の海外脱出の際に注目されたのはビジネスジェット利用者に対するセキュリティチェックの問題である．ビジネスジェットの利用者は，一般の旅客とは空港内の移動動線を別にする必要がある．安全上の問題もある上，その人物が日本を訪れているということが知れただけでさまざまな憶測が飛び交い，株価などに影響を与える可能性も出てくる．最も理想的なのは，機内で CIQ を済ませ，機側まで乗り入れた私用車に直接乗り込んで，そのまま空港外に出ていく，また出国の場合は同じ過程を逆にたどることである．ビジネスジェットが普及している国の空港ではこのような方式が実際にとられている．一方，日本では，CIQ 要員のこうした個別対応は，それを行うだけの数がいないというのを主な理由として導入されていない．対応が急がれる分野である．

（2）空港と情報化

　ビジネスジェットの問題にとどまらず，セキュリティのあり方については今後検討されていくことになるが，いずれは情報化を進め，人に頼らないものにしていくことが避けられない．コロナ問題が終息すれば，再度多くの人々が世界中を飛び回ることになるだろう．現状では，ニューヨークのような世界の最先端に位置する都市の空港でも，複数の旅客便が同時間帯に到着する時には，入国管理に長蛇の列ができ，そこを通過するのに，最悪の場合には数時間かかることもある．もちろん，これは米国の場合に限らず，日本でも，外国人旅行者にとっては同様の状況にある．AI の積極的活用によって，CIQ チェックが，ある場所を通過するだけ可能になるようになるのが未来の空港であろう．そうなれば，空港のあり方も現在とは全く異なるものとなるだろう．

　従来のように人が対面で検査を行うことはなくなり，AI による多数の人々

の同時識別能力を駆使することで，セキュリティ検査場といったものもなくなり，究極的には，現在の日本の新幹線と同じようなプロセスで，ストレスフリーで航空機にアクセス，搭乗，そして降機，目的地への移動を行うことができるようになるだろう．空港は特別な空間ではなくなり，地域に溶け込むような形で，鉄道の駅のような街のコミュニティ・スペースのような存在に移り変わっていくことが期待される．

4 これからの新しい交通・輸送手段をめぐって

（1）ドローン

　新しい技術が交通の分野でさまざまな応用を見せているが，その1つがドローンである．もともとは軍事用に開発されたものであるが（この点はインターネットなども同じである），現在では，特に僻地などへの物流の分野で大いに期待されている．すでに社会実験は行われているが，飛行空域の設定や，視認できない空域での飛行管理をどうするか，危険物の取扱いといった問題など，クリアしなければならない法的問題が多く，全面的に展開されるまでにはまだ時間がかかるだろう．

　しかし，すでに小型のドローンは数千円といった廉価で販売されており，誰でも気軽に，家電量販店などでどこでも簡単に購入できる．管理者責任を問うべく，所有者の登録制度を今から導入することもなかなか困難である．このような状況下で，ドローンによるテロのリスクにも対策を立てていかなければならない．実際，数年前に総理官邸の屋上に小型のドローンが落ちていたことが大きな話題となった．脅威をもたらす可能性のあるドローンを操縦不能にするような技術も開発されてきているが，それもドローンの現在地を特定されないような技術が開発されていけば効果がなくなってしまう．

　一方，ドローンの技術がさらに発展すれば，人を運ぶことも可能になるだろう．すでにドローンを用いた「空飛ぶタクシー」の構想は現実化に向かって進められている．そうなれば，我々は新たな移動手段を獲得することになる．この場合には，ドローンの操縦士に求められる操縦能力等は免許制の下に指導育成され，高度な倫理観と技術が求められることになるだろう．

（2）空飛ぶ自動車

　空飛ぶ自動車も完全に実用化が視野に入ってきた．すでに開発は進んでおり，数千万円での販売価格も発表されている．2次元から3次元へと移動可能空間が広がれば，移動ルートも最短距離をとることが可能になる場合も増え，移動時間の短縮につながることは間違いない．また，渋滞の解消にもつながることが期待できる．

　ただし，どこからどのように離陸可能とするか，どの高度を飛行させるか，衝突を防ぐためにはどうすればよいか，など，これも今後設定すべき法的問題が山積している．また，墜落した場合の被害は，従来の平面走行の場合に比べて甚大になることが予想される．航空機のパイロットのように厳しい訓練を経て操縦することに比べて，事故率は高くなるだろう．それを防ぐためには，空飛ぶ自動車を運転する免許の付与は，これまでの免許とは全く違った形での教習，試験によって行われなければならないだろう．同時に車に係る保険のあり方も見直さざるを得ないことになろう．

　しかし，こうした変化が利用者にとってあまりにも大きい負担となれば，せっかく開発した空飛ぶ自動車も普及しなくなってしまう．新しい技術が導入される際には混乱がつきものだが，それをどのように最小化するか，討議と準備を進めていかなければならない．

（3）社会の「ブラックボックス化」の危険性

　ただし，やみくもに AI を導入し，自動化などを進めれば済むという問題ではない．AI など，高度な技術が社会システムに広く組み込まれていけばいくほど，そこに何らかのトラブルが発生した場合，普及には時間がかかり，その被害も膨大なものとなりかねない．なぜなら，高度な技術になればなるほど，そのシステムの全体を理解できている人の数は限られてくるし，そうした人であっても，システムが複雑であるがゆえに，トラブルの原因を突き止めることは至難のわざとなってくるからだ．実際，自動運転の軌道交通が逆行するという事件が過去に発生しているが，その原因は未だ完全には解明されていない．このように，社会のシステムが高度な技術によって外部からは理解できないようになっている現状を「社会のブラックボックス化」であると筆者は捉えている．

　このことはテロのリスクを高めるものである．何者かが遠隔操作によってシステムに不正侵入に，不当な操作を行えば，社会を大混乱に陥れることができ

る．このことは IoT（モノのインターネット）の問題性としてよく指摘されているところである．交通関係は特に対象となりやすい．たとえば，先述のドローンもそうだし，マイカーの自動運転，航空機の自動操縦など，数えきれないほどのターゲットが考えられる．

　こうした事態への対策は容易なものではないが，少なくとも簡単なシステムダウンくらいには対応できるよう，基盤技術といえるものを保持・継承していくことが重要である．たとえば，空港での事例を言えば，チェックイン機がシステムダウンしたとしても，昔のようにシートマップを使ってチェックインを迅速に行うことなどがある．確かに昔と比べて便数が増えていることを考えれば効果は限定的ではあるが，人間にとって本当に有益なシステムを構築していく際には，現場の意見・感覚が反映されるようなシステム開発が行われていくことが重要であり，そのためにも業務に関する根本的な理解が必要であり，情報機器に安易に依存しないように心がけていくことが大切である．

　今後，日本で人口が減少していく中，航空・交通業界においても労働力不足の問題が深刻化していくだろう．女性労働力の増大には期待できるが，それでも施設面などの受け入れ環境の整備において急速に事態が改善できるとは言い切れない．また，海外からの労働者を受け入れることも解決策の 1 つであるが，研修生の例に見るように，まだまだハードルが高い．その際に，空港の今後のあり方について論じたように，情報化による合理化を進めていくことは必須である．しかし，その一方で，それを主体的にコントロールできるような体制も同時に構築していかなければ，社会的リスクもそれに比例して増大していくことになってしまうだろう．

🗐 参考文献

佐藤剛弘『観光公害——インバウンド4000万時代の副作用』祥伝社（祥伝社新書），2019年．

戸崎肇『1 時間でわかる　図解　これからの航空ビジネス早わかり』中経出版，2010年．

戸崎肇『観光立国論　交通政策から見た観光大国への論点』現代書館，2017年．

戸崎肇『ビジネスジェットから見る現代航空政策論——日本での普及に向けた課題』晃洋書房，2021年．

中井治郎『パンクする京都——オーバーツーリズムと戦う観光都市——』星海社（星海社新書），2019年．

その他，政府公表統計を参考とした．

（戸崎　　肇）

第Ⅱ部　経営論（航空会社事業論）

チェックインカウンター

第7章　航空会社の経営計画

1　経営計画とは

（1）経営計画の前提

a　経営計画の位置づけ

どのような組織であっても事業運営のためには，長期を見通した戦略的経営計画の作成と実行が必要である．経営計画策定に当たっては，組織のビジョンや理念をスタートとして，戦略の立案，計画の策定を行う．経営計画なしに組織運営を行えば組織の進む方向が明確化されず，目指す目標に達することが困難になるか，回り道をすることにより効率が悪くなるからである．経営計画には以下の5つの要素が含まれることが多い（図7-1）．

b　経済要因

日本経済・世界経済の情勢（GDPなどの経済成長率など）は企業の収益性に大きな影響を与える．為替水準（円／ドル相場など）や資源価格（原油価格など）の動向も同様である．これらの要素は経営計画の前提として経済要因を考慮するために欠かすことができない．経営計画策定に当たってはこれらの指標について一定の合理的な前提を置き，最善の計画となるように作成することが必要である．

c　技術要因

技術革新や新製品の登場は，自社の商品やサービスの品質，生産コストに影響を与える．人工知能（AI：Artificial Intelligence），モノのインターネット（IoT：Internet of Things），ロボティクスに代表される科学

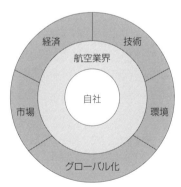

図7-1　経営計画を構成する5
　　　　つの要素

出典：筆者作成.

技術全般の進展は，航空会社の商品・サービスの品質を向上させる（航空券流通システム，個室型ビジネスクラス座席，機内 Wi-Fi など）．また，生産コストを低下させる可能性（航続距離が長く燃費効率の高い B-787 などの航空機）がある．現在は第4次産業革命と呼ばれる時代となっており，科学技術の進展スピードが速いため，これまで以上に先を見越した技術要因を予測していく必要がある．

d　市場要因

消費者の志向やニーズの変化について，企業は敏感に対応していく必要がある．情報技術（IT）の革新により，現代の消費者は商品や価格の情報を即時に検索・比較することが可能になっており，消費者による商品の選別の基準は高まっている．企業はマーケティング調査を通じた市場動向や今後の消費者志向の変化を敏感に吸収する能力が求められる．また，商品寿命の短期化（例えばビジネスクラス座席）についても留意する必要がある．

e　グローバル化要因

新興国の経済発展，自由貿易協定の広がりにより，人やモノの動きは量的にも質的にも変化していくことが予想される．新興国での中間所得者層の増加に伴い，日本を訪れる外国人訪問者数は2020年初頭にコロナ禍が発生するまで，増加の一途を辿ってきた．2015年には外国人訪問者数が日本人の年間出国者数を上回り，2019年には3100万人を突破するに至った．

f　環境要因

規制緩和によるビジネス・チャンスの増大，日本の少子高齢化，社会全般のSDGs（持続可能な開発目標），商品の安全性への関心の高まりは，企業の長期的な商品戦略や企業の社会的責任（CSR：Corporate Social Responsibility）に影響を与える．そのため，企業人として責任ある行動規範が要求される．

（2）経営計画の性格

a　新たな成長機会の追求

企業は常に事業の持続的成長を追求することにより企業価値を高め，ステークホルダーへの還元を最大化することを目的としている．航空産業も同様に，需要の新たな市場の開発などにより成長機会を追求する．新規乗り入れ地点の追加や増便がその代表例であるが，収益性を損なわずに持続的成長を実現するのは容易ではない．航空会社が過度に成長機会や運航規模に着目すると，収益性を損なったり，最悪の場合には経営破綻に至ったりする例も少なくない．

b　柔軟性

経営計画は，策定の段階で一定の前提に基づいて作成されるため，実行段階に移ると想定外の事態が発生するなど外的な要因に左右される．経営計画は，そのような事態（天災，テロ，伝染病など）が発生したとしても，一定の対応（柔軟なスケジュール・機材変更，増減便）が可能となるよう柔軟性を持った形で作成することが求められる．

c　自社の能力の評価

各企業の生産能力には上限があり，また効率的な運営を行うためには最低限の稼働率を維持する必要がある．中期的な自社の生産能力を経営計画の中で想定し，生産規模と需要予測を組み合わせることにより財務計画まで結びつけることとなる．

d　時間的広がり

企業の経営計画の多くは，3〜5年程度の中期間を対象とする時間的な広がりと多段階を有している．企業の活動は単年度で終了するのではなく，複数年度にまたがっており，設備投資（航空機の購入や整備工場建設など）や人材の確保（運航乗務員の育成）は更に長期的に計画を策定する必要がある．

2　航空会社の経営計画

（1）航空会社の経営計画の特質

a　イベントリスク

航空業界の事業は，他の産業と比較してイベントリスクに影響されやすい．過去にも地震などの天災（2011年の東日本大震災），戦争，テロ（2001年のアメリカ同時多発テロ），疫病の発生（2020年のコロナ禍，2002〜2003年のSARS新型肺炎），経済危機（2008年のリーマンショック）などの不可抗力的な要因により航空業界全体が大きな影響を受けたことは記憶に新しいところである．これらの事態が発生した場合には機動的に自社の事業計画を見直し，影響を最小限に食い止める措置を組み込む必要がある．

b　固定費の高さ

航空会社のコスト構造は，人件費，機材費，着陸料など固定費の比率が高く，自助努力で節約できる余地は多くない．燃油費は通常変動費に分類される．もっとも，消費する燃料の大半は機材と燃料そのものの重量を飛ばすために使用

される．そのため，燃油費といえどもひとたび便が運航されれば必ずかかる経
費であるといえ，固定費的な性格を帯びている．航空会社では業務の一部を外
部に委託したり，提携を活用したりするなどの形で固定費を変動費化する努力
を行っている．

c　生産能力の限界と労務問題

航空会社が便を飛ばすための生産能力は，機材数，運航・客室乗務員の人員，
整備士の人員，空港ハンドリングの人員，空港の発着枠，運航権益などにより
制約される．また，労働組合を抱える航空会社は，各組合との勤務協定によっ
ても制約を受ける．

d　技術・経済規制

日本の航空会社の場合，日本の航空法や関連法規により，安全・保安に関す
る規制，外資規制，事業計画などへの規制が定められている．規制緩和の進展
はあるものの，航空事業が免許制である原則には変更はないため，今後の規制
がどのように変遷していくのかは，経営計画の重要な前提条件となる．また，
国際線の運航では日本が各国と締結する航空協定により規制されている．

e　インフラ整備

航空会社にとって空港整備計画は将来の運航規模を左右する．空港の拡張に
よる供給拡大の予定や，ターミナル・ビルディングの拡張，空域の整備などが
その例である．

（2）航空会社の経営計画を構成する要素

a　路線便数計画

路線便数計画は航空会社の商品の重要な要素である．旅客から航空会社が選
択されるためには，旅客のニーズに最も適したネットワーク（路線・便数）を提
供する必要がある．自社のネットワークでカバーできないものは，多くの会社
が提携ネットワークを活用している．

航空会社の路線便数計画は，国内線・国際線ともに大きく分けて2シーズン
制が採用されている．これは国際航空運送協会（IATA）が定める夏ダイヤと
冬ダイヤに基づくもので，夏ダイヤの開始時期は3月の最終日曜日，冬ダイヤ
の開始時期は10月の最終日曜日である．これはヨーロッパの夏時間と冬時間の
切り替え時期と同期している．またIATAでは世界各地の空港を混雑状況に
応じて「レベル1」「レベル2」「レベル3」に分類している．「レベル2」と

「レベル 3」に分類された空港は，2021年 2 月現在，全世界でそれぞれ147空港，171空港あり，IATA が定める世界共通の Worldwide Slot Guidelines の規定に基づき発着時間の調整が行われる．「レベル 2」には大阪／関西，名古屋／中部，札幌／新千歳，最も混雑度が高い「レベル 3」には東京／羽田，東京／成田，福岡が含まれる．

　路線計画部門では，自社の生産能力（人員計画，機材計画）と需要予測を組み合わせて最適の路線・便数計画を策定する．実際のダイヤを作成する際に考慮される要素は以下を含む．

　①　競合する他社の想定ダイヤ

　②　競合する交通機関（新幹線など）のダイヤ

　③　出発／到着空港の交通アクセス（鉄道・バスなど）

　④　乗り継ぎ便の利便性

　⑤　季節ごとの偏西風の強弱による所要時間の変化

　⑥　混雑空港での発着枠の有無や空港ターミナルの旅客処理能力

　⑦　航空権益による便数・供給量制約

　b　ハブ・アンド・スポーク運航によるネットワーク計画

　ネットワーク航空会社の多くは，自社の拠点空港を中核とするハブ・アンド・スポーク運航を行っている．この運航の形態では，各航空会社の運航便の大多数を拠点空港（ハブ空港）に集約し，空港運営や機材の効率的な運用と，旅客のダイヤの選択肢を増やすことができる．

　例えば図 7-2 の概念図では，ハブのない状態（左側）で A, B, C, D, E, F の 6 地点間をカバーするためには15路線の運航が必要であるが，ハブ空港経由の運航（右側）に切り替えれば 6 路線の運航で済むため，航空会社は余力でハブ空港発着の便を増便することが可能となる．一日における路線あたりの便数が増えることにより，出発時間の選択肢が広がり，旅客の利便性も向上する．

　しかしながら，ハブ空港での発着が過密になるにしたがい，ハブ空港は混雑し，便が遅延するなどの副作用も指摘されている．また，スポーク空港間の直行便が減り，中小都市間の移動がハブ経由となるため，移動により時間がかかるようになったことも指摘されている．一方で，ネットワーク会社が直行便の運航を休止したこのようなマーケットに LCC が参入し，結果として旅客利便が改善した例もある．

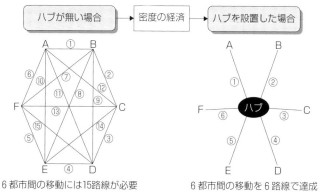

6 都市間の移動には15路線が必要　　　6 都市間の移動を 6 路線で達成
図 7‐2　ハブ・アンド・スポーク

c　人員計画

　路線・便数計画を執行するためには，自社の要員が運航規模に対応できるか
どうかの検証が必要になる．具体的な路線・便数計画に応じて現有の人員でま
かなえるかどうか，まかなえない場合には採用をいつどのような規模で実施す
るか計画を作成し，あわせて人員の育成計画も検討する必要がある．便の運航
に密接な関係にある運航乗務員，客室乗務員，整備士，空港ハンドリングなど
の分野が特に重要である．

d　機材計画

　航空機の調達は自社の運航規模や既存の機材の更新を踏まえて，中期的な時
間軸で計画が作成される．運航規模を拡大する場合には増機が必要となり，老
朽化した機材を更新する場合は代替機の手配を行う．航空機は技術革新ととも
に進歩するため，経済条件（価格），サイズ（小型機・中型機・大型機），航続距離，
燃費効率，客室内の快適性などとともに総合的に検討する必要がある．その航
空会社にとっての新型機材を導入する場合には，乗務員の訓練計画，整備体制，
部品の在庫コストに大きな影響を与える．

e　財務計画

　どのような企業であっても財務計画は経営計画には欠かせない必須事項であ
る．経営計画を策定しようとする期間の収支計画，資金計画が作成され，経営
計画の初年度の財務計画が翌年度の実行予算となることが多い．収支計画は，
路線・便数計画，人員計画，後に述べる商品・サービス計画を踏まえて，財務
面での検証を行うものである．航空会社の経営の特徴としては，機材計画が数

年先まで決定していることから，その前払い金をどのように調達していくのか，
その他の投資についてはどのような計画があり，必要となる資金はどのくらい
なのかを予測して資金計画を作成し，必要に応じた資金調達を適切なタイミン
グで実施する．

　　f　商品・サービス計画

　機材と同様に，提供する商品やサービスの商品寿命も短期化しており，商
品・サービスが陳腐化する速度が加速している．国際線ビジネスクラスの座席
が顕著な例である．世界初のフルフラット・ビジネスクラスの座席は，1999年
にイギリスのブリティシュ・エアウェイズが相互相対式で導入したものである
が，その後続々とフルフラット・ビジネスクラスの座席が導入され，現在では
個室型の座席も導入されるなど，航空会社には常に競争力を維持・改善するた
めの投資が必要となっている．機内 WiFi，エンターテイメント・システムも
同様である．IT 技術の進展によって，航空券の流通方式も大きく変貌した．
紙媒体に頼っていた時代は終わり，現在ではネット環境やモバイル・デバイス
を活用して予約・発券・搭乗にいたる一連のプロセスを利用者が簡便に利用で
きる時代となった．利便性の高いサービスを充実させるべく今後は人工知能や
IoT などを活用した新たな商品・サービスの登場が期待されるところであり，
航空会社の商品・サービス計画も，機内食やその他の機内サービスだけで済む
時代ではなくなったと言える．

3　航空会社の提携やアライアンスの背景

（1）航空業界に課された制度的な制約

　a　シカゴ条約と 2 国間航空協定

　国際航空の分野はシカゴ条約と呼ばれる多国間協定の枠組みが基本となって
いる．1944年にシカゴで開催された国際民間航空会議において，国際民間航空
条約（Convention on International Civil Aviation，通称シカゴ条約）が採択され，そ
の第 1 条で各国が「その領空上の空間において完全かつ排他的な主権を有す
る」ことが明文化された．したがって，航空機の飛行には相手国の許可が必要
となる．しかしながら，シカゴ条約では各国の思惑が一致せず，具体的にどの
ような許可が必要か明文化することができなかったため，その詳細は 2 国間の
航空協定に委ねられる事となった．1946年には，アメリカとイギリスの間で 2

国間の航空協定が結ばれ（交渉が行われた地名にちなみ，バーミューダ協定と呼ばれる），これが後の世界の2国間航空協定の雛形となる．

　2国間の航空協定には，自社便による運航権益や路線，免許，課税などに加え，航空会社間の協力関係についても規定されている．オープンスカイ協定が進んだ現在でも，一定の規制が課されており，航空会社はその範囲内で提携を行う必要がある．運航権益や路線が制約されている場合，その範囲を超えたネットワークの拡大には，提携を活用せざるを得ない場合も多い．たとえば，自国内の国内路線はその国の航空会社のみに認められた権益（カボタージュと呼ばれる）で，外国の航空会社が運航することは原則としてできない．

b　外資規制

　各国とも自国の航空法などにより，自国の航空会社の「所有と実効支配（Ownership and Control）」の規制を課している．これは自国産業の保護というよりは，インフラとしての航空業界が他国に支配されることを防止する安全保障上の理由によるものである．国によってその規制は異なるが，一般的には外資規制は25%から49%の範囲であることが多い[1]．したがって，異なる国の航空会社間では，一部の例外を除き，経営統合が発生しにくい状態にあり，航空会社がネットワーク拡大などの「範囲の経済」を追求する場合には，経営統合ではなく，企業間提携を代替策として選択することが多い．

c　競争法

　多くの国では，公正な経済取引を担保するために競争法または独占禁止法と呼ばれる法律が制定されており，日本も同様である．この法律では，競合する会社間で価格，供給量，サービスなどについて合意することは禁じられており，違法行為となる．競合する路線やマーケットを持つ航空会社間での提携は，4-（7）で後述する独占禁止法適用除外制度により免除されたものを除き，2社間が競争状態のまま提携する必要がある．したがって，2社間の提携はもとより，4-（6）で後述するグローバル・アライアンスも競争法の制約を受けて活動を行っている．

（2）提携の目的と効果

a　航空会社間の提携の目的

　航空会社間の提携は，ネットワークの補完関係からスタートしたものが多い．上記（1）a，bで述べたとおり，航空会社の路線・便数計画は，航空協定や

外資規制により制約されているため，ネットワークの拡大には提携を使用せざるを得ないケースがある．たとえば，カボタージュ制約により日本の航空会社はアメリカ国内線を運航することはできないが，自社の旅客にアメリカ内の乗り入れ地点より更に先に乗り継ぐ需要がある場合には，アメリカの国内線を運航するアメリカの航空会社と提携を行うことにより，自社便のネットワークを擬似的に拡大したり，マイル積算の機会を提供したりすることができる．

　航空会社は通常，自国においてはその地位を磐石に確立しているが，自国外での知名度，マーケティング能力，販売体制などは自国で有する地位に及ばない．そこで2社間で提携を行い，相互に送客を行うことにより，両社が便益を享受できる場合も多い．ただし，この互恵の関係も競争関係の中で行われなければならないため，活動の範囲には一定の限界がある．

b　提携の効果の測定

　航空会社間の提携は長期にわたるものが多いが，永続的なものではない．環境の変化や自社の戦略の変更などにより，提携の形態やパートナーは変化していく．役割を終えた提携が両社合意の下に終了する場合もある．提携の実効性を高めるために，航空会社は提携の効果を定期的かつ定量的に測定している．

4　航空会社間の提携の類型

（1）提携の類型

a　提携の深度と類型

　航空会社は自社の戦略や生産計画を補完する観点から，提携をどのように活用するか各社によりニーズが異なる．提携先をどのように選択するかについても，自社の戦略が重要な決定要因となる．その意味では，自社戦略に応じて提携形態が決まるといっても良い．

　形態は**図7-3**に見られるとおり，インターラインのように単純なものから，共同事業や経営統合などの難易度の高いものまでさまざまである．提携ではこれらの形態を複数組み合わせて使われることが多い．

b　LCCと提携

　航空会社間の提携は，会社間での精算，システムや通信方式の統一，予約・発券制度や座席管理の同期，サービス基準の統一など，複雑な業務を伴いコストもかかる．そのため，LCCタイプの航空会社は航空会社間の提携には消極

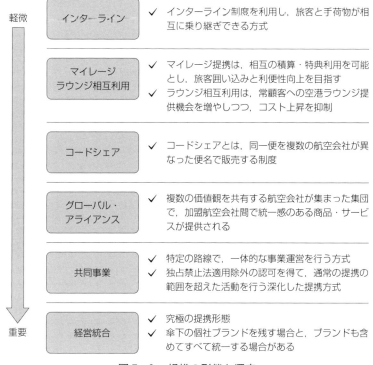

図7‑3　提携の形態と深度

出典：筆者作成.

的である．ジェットスターのように分野や提携先を限定して提携する例外もあるが，LCC は自社のネットワークですべてを完結することによりビジネスモデルの単純化を実現して，ネットワーク航空会社よりも低いコスト構造を築くことを重要視しているため，LCC と航空会社間の提携との親和性は低い．

（2）インターライン

　インターラインとは，2 社間で旅客・手荷物（場合によって貨物）の相互引き受けを約束する制度で，予約や航空券の相互引き受け，航空券の精算を伴う．航空会社間の提携としては最も基本的な形態であるが，多数のインターライン協定を維持・管理するにはコストがかかるため，ネットワーク航空会社の中には，協定を結ぶ相手先を限定する場合もある．インターラインが順調に進み，相互送客が増えると，相互の旅客の利便性を向上させるために，相互チェック

イン機能を開放する場合もある.

（3）空港業務委託

　航空会社間では，空港での業務を中心に相互に委託を行う場合がある．空港
のチェックイン業務，手荷物・貨物ハンドリング，整備，航務などの分野で行
われる．各航空会社の自国の基地空港では1日当たりの便数が相当数あるため，
自社社員や自社系関連会社の社員を雇用して空港業務を運営することが，コス
ト面からも品質管理面からも望ましいことは言うまでもない．しかしながら，
1日当たりの便数が少ない空港では，自社社員を雇用してもコスト効率が悪い
ため，乗り入れ先空港で空港業務を外部に委託することが多い．その場合には，
乗り入れ先空港を拠点とする航空会社やグランド・ハンドリング専業業者を選
定して業務委託を行う．空港業務を委託した場合，日本の航空会社にとっての
最大の課題は，顧客サービス品質の維持や日本語によるサービスの提供である．
同様に，日本の空港では，JAL や ANA は数多くの外国航空会社の空港業務
を受託している．

（4）空港ラウンジ相互利用

　上記（3）の空港業務と同様の理由で，海外の乗り入れ空港では，各航空会
社は自社の空港ラウンジを所有せず，乗り入れ空港を本拠地とする提携先航空
会社のラウンジを使用して，ファースト・クラス，ビジネス・クラス，マイレ
ージ制度の上位会員等に対してラウンジを提供する場合がある．各社とも自国
の拠点空港では最大規模のラウンジを運営しているが，ラウンジは終日フル回
転しているわけではなく，収容人数に余裕のある場合には，提携先航空会社の
旅客を収容することにより，ラウンジ収入を得ることができる．

✈ **さらに詳しく　マイレージ**

　コスト面や利便性に基づく上記（1）〜（4）の提携と比較すると，マイレージ制度
の提携は，提携の度合いが深い．マイレージ提携の基本的機能は相互積算と特典利用で
ある．自社会員に対して，提携先のネットワーク搭乗の際にマイル積算機会を提供し，
積算したマイルを提携先ネットワークで特典利用する機会を提供する制度である．また，
提携先会員には，自社のネットワークで同様のサービス（積算・特典利用）を提供する
（図7-4参照）．
　これは自社のネットワークでは提供できない提携先のネットワークでもマイルの積算

や特典利用を可能とし，顧客利便性を向上させ，自社のマイレージ制度の競争力を向上させると同時に，常顧客を自社と提携社のネットワークに囲い込むことを目的としている．

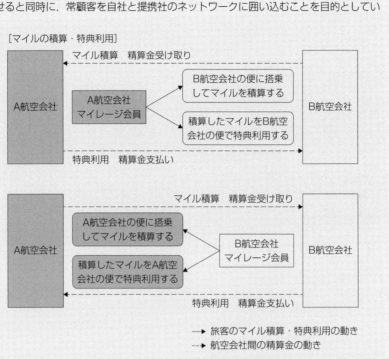

図7-4　マイレージ制度の相互提携

（5）コードシェア

　コードシェアとは，1つの便を2社以上の会社が販売する形式の提携を言う．コードシェア提携も，上記（4）のマイレージ提携と同様に，自社のネットワークでは提供できない提携先のネットワークを，自社の便名で販売する．これを行うことにより，旅客は乗り慣れた航空会社の便名で搭乗できるネットワークが広がり，マイルの積算や特典利用，マイレージ制度の上位会員は空港ラウンジの利用機会が広がるなどのサービス改善が可能になる．

　コードシェア便は，実際に運航する航空会社の基準で運営されるため，機内サービスや空港でのサービスなどはすべて運航航空会社のサービス・スタンダードが適用される．旅客の混乱を回避するため，予約の際の画面，航空券控え，予約センターでの案内などで運航航空会社を明示することが各国の規制で義務付けられている．

　コードシェア便の座席の在庫管理は，運航航空会社が一括して行う方式（フリーフロー又はフリーセールと呼ばれる予約方式）が主流となっており，販売する航空会社（マーケティング会社と呼ばれる）はリアルタイムで運航航空会社から送られてくる在庫情報に基づいて販売を行う．

（6）グローバル・アライアンス

　現在，グローバル・アライアンスと呼ばれる航空会社連合は，① Star Alliance，② oneworld，③ SkyTeam の 3 つである．これらのグローバル・アライアンスは，1997〜2000年の間に設立されたもので，顧客利便性の向上を目的として，マイレージ提携，空港ラウンジ相互提供，相互チェックインを核とした一貫性のあるサービスを行う航空会社の集団である．活動の一部には，共同調達などのコスト面も謳われているが，その効果は限定的である．

✈ さらに詳しく　グローバル・アライアンスの誕生

　① Star Alliance は1997年にエアカナダ（AC），ユナイテッド航空（UA），ルフトハンザ・ドイツ航空（LH）などの 5 社が創立メンバーとなり設立され，2020年 6 月現在で加盟社数は26社の最大規模を有している．ドイツのフランクフルトに活動拠点を設けている．ANA が1999年に加盟した．一方，② oneworld は，加盟社数が13社（2020年 6 月現在，加盟準備中が 1 社）と，3 つのグローバル・アライアンスの中ではもっと規模が小さい．2000年に，アメリカン航空（AA），ブリティシュ・エアウェイズ（BA），キャセイ・パシフィック航空（CX），カンタス航空（QF）などを創立メンバーとして設立，活動拠点はアメリカのニューヨークである．JAL が2007年に加盟した．③ SkyTeam は 3 つのグローバル・アライアンスの中で唯一，日本の航空会社が加盟していないアライアンスである．2000年に，エールフランス（AF），デルタ航空（DL），大韓航空（KE）などが創立メンバーとなって設立され，現在では19社が加盟している．活動拠点はオランダのアムステルダムに設置されている．Star Alliance（2 社）と oneworld（1 社）には，正メンバーとは別に，小規模な航空会社と範囲を限定した提携サービスを提供する「乗り継ぎパートナー制度」がある．

（7）共同事業

　アメリカが国是とするオープンスカイ協定が徐々に世界の市場に浸透するにしたがって価格や参入規制が大幅に緩和され，参入障壁が低くなった市場では，関係国政府の認可取得を前提に，競争法の適用が免除される場合がある．これを独占禁止法適用除外制度（ATI：Anti-Trust Immunity）と呼ぶ．ATI の認可を取得した航空会社間では，本来競争法で禁止されている価格，ネットワーク，

供給量，流通政策などの調整や共同販売が可能となり，提携のつながりはいっそう強固なものとなる．

　ATI 認可を受けた航空会社は，さまざまな分野の営業活動を行い，消費者の利便性向上と競争力改善のため，深化した提携を目指すこととなる．また航空会社間では，提携の結果を航空会社間で共有する成果配分（Benefit Sharing）を導入し，各社が得られる便益が平準化されるよう制度を整備している．

> ✈ **さらに詳しく**　**日本の航空会社の共同事業**
>
> 　現在 JAL では，太平洋線でアメリカン航空（AA）と，ヨーロッパ線ではブリティシュ・エアウェイズ（BA），フィンランド航空（AY），イベリア・スペイン航空（IB）と共同事業が行われている．ANA でも同様に，太平洋線ではユナイテッド航空（UA），ヨーロッパ線ではルフトハンザ・ドイツ航空（LH），スイス・インターナショナル（LX），オーストリア航空（OS）と共同事業を運営している．

（8）経営統合

　提携の究極の形態が経営統合であることは，航空業界も他の産業と同様である．しかしながら，航空会社の経営は 3 -（1）- b で述べたとおり，各国の航空法や航空協定により外資制限が課されており，資本の調達方法に制約があることから，その他の産業と比較すると，国境を越えた経営統合が起こりにくい．

> ✈ **さらに詳しく**　**経営統合が実現した例は？**
>
> 　現時点で国境を越えた経営統合が実施されているのは，エールフランス（AF）と KLM オランダ航空（KL）のグループ，ブリティシュ・エアウェイズ（BA）・イベリア・スペイン航空（IB）・アイルランドのエアリンガス（EI）などのグループ，ルフトハンザ・ドイツ航空（LH）・スイス・インターナショナル（LX）・オーストリア航空（OS）などのグループ，等である．これらの経営統合は，持ち株会社の元で，複数の運航航空会社とブランドをそのまま維持しているため，商品やサービスの統合はほとんど行われておらず，旅客の視点からは経営統合が見えにくい．
>
> 　一方，アメリカの国内で行われた，アメリカン航空（AA）と US エアウェイズ（US）（2015年），ユナイテッド航空（UA）とコンチネンタル航空（CO）（2011年），デルタ航空（DL）とノースウェスト航空（NW）（2009年），の統合は，ブランド・商品・サービスもすべて統合されており，現在では US エアウェイズ（US），コンチネンタル航空（CO），ノースウェスト航空（NW）は消滅して存在しない合併型の経営統合である．
>
> 　ANA は2016年にベトナム航空（VN）に8.771%，2019年にフィリピン航空（PR）に9.5%の投資を行っているが，いずれも 2 社間のコードシェアやマイレージ提携に留

まっており，資本関係をきっかけとしたより深度の深い提携には至っていない．

■注 ─────────────────────────────────

1）日本の外資規制は33％，アメリカは25％，ヨーロッパは49％である．

参考文献 ─────────────────────────────

Brueckner, J. Whalen, T〔2000〕"The Price Effects of International Alliances", *Journal of Law and Economics*, 43: pp. 505-545.

Brueckner, J〔2003〕"International Air Fares in the age of alliances: the effects of codesharing and anti-trust immunity", *The Review of Economics and Statistics*, 85(1): pp. 105-118.

Porter, M.〔1980〕*Competitive Strategy*, Free Press（ポーター，M.『競争の戦略』土岐坤・中辻萬治・服部照夫訳，ダイヤモンド社，1982年）．

Porter, M.〔1985〕*Competitive Advantage*, Free Press ポーター，M.『競争優位の戦略』土岐坤・中辻萬治・小野寺武夫訳，ダイヤモンド社，1985年）．

Viscusi, K., Verson, J., Harrington Jr., J.〔1992〕*Economics of Regulation and Antitrust*, The MIT Press.

Whalen, T〔2007〕A panel data analysis of code sharing, antitrust immunity and open skies treaties in international aviation markets", *Review of Industrial Organization*, 30: pp. 39-61.

斎藤毅憲〔1985〕『教養の経営学』中央経済社.

坂本昭雄・三好晋〔1999〕新国際航空法，有信堂.

車戸實編著〔1984〕『基本経営学全集2　現代経営管理論』八千代出版.

水野徹〔2017〕「航空会社間の国際提携のメカニズムと提携締結のインセンティブ」『明海大学 Journal of Hospitality and Tourism』Vol. 13, No. 1, pp. 1-12.

水野徹〔2018〕「独占禁止法適用除外を受けた航空会社間の提携とその効果」『明海大学 Journal of Hospitality and Tourism』Vol. 14, No. 1, pp. 1-9.

安田洋史〔2016〕『新版　アライアンス戦略論』NTT 出版.

（水 野　　徹）

第**8**章 航空会社の安全管理

1 航空会社にとっての「安全」とは

航空会社にとって「安全」は,商品である航空輸送サービスを利用者に提供するうえでの大前提あり,定時性,快適性,利便性といった他の商品品質とは比較することができない根源的な品質である.

しかし,航空輸送サービスの利用者の多くは,商品を選択するにあたり定時性や快適性という品質に比して「安全」の重要性を意識することはほとんどない.なぜなら,ほとんどの利用者が「安全」という品質は航空会社によって当然に担保されていると信じているからである.また,それを疑うものがいたとしても事故はめったに起きない(さらに事故が起っても,自分がそれに遭遇する可能性はきわめて低い)と考えるからである.

一方,航空会社は毎年「安全報告書」等[1]により安全に対する自社の取り組みや発生した不安全事象を明らかにしているが,法令により義務付けられた範囲を越えて内容を明らかにしている航空会社は少なく,利用者がこれらの情報から航空会社の「安全」(品質)の水準を読み取ることは,容易ではない.だが,めったに起きないと信じていた事故や不安全事象がひとたび発生すると「安全」に対する利用者の関心は高まり,事象にかかわった航空会社の「安全」(品質)は注目を浴びる.さらに,もし「安全」確保に対する取り組みが適切でなかったことが明らかになれば,その航空会社は事業の継続を断念せざるを得なくなることさえある.

航空会社は「安全」をどのようにとらえて,事業を行っているのであろうか.営利企業である航空会社は「安全」を確保するためのコストを支払いつつ,利益を生み出さなければならない.利益追求と品質確保の双方が求められるなかで,提供する商品の本質を形成し,しかしそのレベルを把握することが容易ではない「安全」を航空会社はどのように確保しようとしているのだろうか.

2　安全管理とは何か

（1）安全の定義

　安全の定義は，安全をどのように捉えるかによって異なり，さまざまである．安全をリスクやハザードのないことと定義することは理論的には可能であるが，こうした定義を用いることは航空運送事業において現実的でないばかりか実効的な安全管理を展開するうえでの支障になることもある．航空輸送がリスクやハザードに囲まれていることを前提に，それでもなおその技術を活用するために必要不可欠なものとして安全をとらえる必要がある．国際民間航空機関（ICAO）は，安全を「航空活動に関連するリスクが，受け入れ可能なレベルまで低減され制御されている状態」と定義［ICAO 2016：1-2］している．

（2）安全管理の定義

　（1）の安全の定義の確認から，航空運送事業における安全管理は，潜在的な危険を有する技術を活用するための「航空活動に関連するリスクが，受け入れ可能なレベルまで低減され制御されている状態」を作り出すための仕組みと運用からなる体制と定義することができる．なおこの管理体制はサービス品質に対する管理体制とは別に設定し，保安対策とも区別して取り扱う必要がある．

3　事故と安全管理

（1）事業運営における生産性と安全性の関係

　マンチェスター大学のリーズンは，生産性と安全性はトレードオフの関係にあり，ほとんどの場合に生産性が安全性より優先されると述べている［リーズン1999：4-7］．その理由として，① 組織は安全に関するノウハウより生産に関するノウハウに通じている，② 生産に関する情報は安全に関する情報より容易に理解できる，③ 安全確保に成功したことは「悪い結果がおこらない」ことでしかわからないことを指摘し，組織が安全確保に関心を示すのは大事故かそれに結びつくようなニアミスのあとの短期間だけであるとしている．

　多くの航空会社は，安全を優先する考え方を掲げて安全が事業運営にとって最重要であることを強調している．安全性を確保できなかった航空会社が事故

や不安全事象を契機に淘汰されていく事例も少なくない．しかし，事故が起こったのちに安全性と生産性のバランスがとられるようでは，航空輸送サービスが商品として持続的に利用者から受け入れられることはない．安全性を担保した商品を持続的に提供しつつ，利益を上げることが航空会社に求められている．リーズンは生産性と安全性の相容れない関係を前提に経営者が「生産性に振り向けられる安全余裕度（安全性改善のメリットが生産性向上に振り向けられることにより，組織の安全性が損なわれること）」と「平穏無事に潜む危険（長い間事故が起こらないことで安全性が徐々に軽視されること）」に対して慎重かつ敏感であるべきとしている［リーズン 1999：7-8］．

（2）安全管理の歴史

　ICAO［2018：2-1-2-2］は20世紀初頭から将来にわたる航空の安全向上の歩みを ① 技術的な取り組み（1900年初頭～1960年代後半），② ヒューマンファクターからの取り組み（1970年代初頭～1990年代中頃），③ 組織的な取り組み（1990年代中頃～2000年代初頭），④ 全体系的な取り組み（2000年代初頭～）の 4 つから説明している（図 8 - 1 参照）．この ICAO の整理をボーイング社が作成した図 8 - 2 「事故率と搭乗死亡者数（1959～2018年）」を使って確認してみよう．

　1960年代に入ると事故率が急速に低下していることがわかる．ICAO は事故率低下の理由を技術要因への安全対策が進んだことおよび安全管理に対する法規制と監督が広がったことによると整理している．

　1970年初頭から1990年中頃にかけては事故率がさらに低下している．しかし，ゼロになることはなく，他方，利用者数の増加や航空機の大型化により，搭乗者死亡者数は，増減を繰り返す状態となっている．この時期の安全管理の焦点は，人間と機械のインターフェースを含むヒューマンファクターの問題であった．しかしながら，ヒューマンファクターの問題は，エラー軽減のためのさまざまな取り組みにもかかわらず，人間が運航に関与する以上，事故の反復要因から完全に排除することはできない．

　1990年半ば以降，安全管理はそれまでの人間的および技術的な要素と同様に組織的な要素をも包含するようになり，安全管理の有効性に影響を与える組織文化に着目した「組織事故」の概念が導入された．21世紀に入るころから事故率は低下傾向を示し，搭乗死亡者数は明らかに減少している．2015年の航空事故死亡者は，2010年からの10年間において最低数であったが，その間の航空事

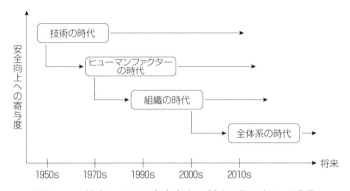

図 8 - 1　航空における安全向上に対する取り組みの進化
出典：ICAO［2018：2-2］.

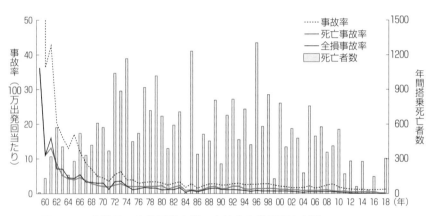

図 8 - 2　全世界の商業用航空機の事故率と搭乗死亡者数（1959〜2018年）
出典：Boeing Commercial Airplanes［2019：12］.

故死亡者は毎年100人から500人の幅で増減を繰り返している［IATA 2020：32］.
図 8 - 3 が示すように航空旅客数が毎年増加することに伴い，航空機事故で旅
客が死亡する確率は，低下傾向を示している．これまでの安全に対する取り組
みにより安全性の向上が図られている．しかし，その一方で ICAO は組織間
のインターフェースの不整合がもたらした多くの事故やインシデント事例が存
在するとして，これをこれまでの安全に対する取り組みが主に個々の安全性能
とローカル制御に焦点を当て，システム全体の状況を考慮せずにいた結果であ
ると捉えている．航空交通体系の複雑さと組織の違いを認識した安全管理にお
ける「全体系的な取り組み」の実施が国や航空会社を含む関係者に求められて

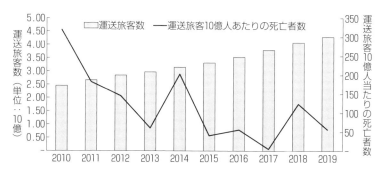

図8‐3　運送旅客数と運送旅客10億人当たりの死亡者数 (2010〜2019年)
出典：IATA [2020] *Safety Report* 2019, 32.

いる.

ICAO は，CFIT（Controlled flight into terrain）[5]，飛行中の操縦機能喪失（loss of control in-flight），空中衝突（mid-air collision），滑走路逸脱（runway excursion），滑走路誤侵入（runway incursion）の5つをハイリスク事故カテゴリー[6]に区分している．そして，これらを含めた安全課題に対処するために国，地域，航空運送事業者，航空機メーカー，空港関係組織の事業者等[7]の航空安全にかかわる利害関係者が協同する国際的計画[8]が進められている [ICAO 2019：1-1-2—1-1-3].計画は2030年に商業航空における死亡事故をゼロとする構想を掲げている．こうした動きは「安全管理」をさらに進化させることになるだろう．

（3）日本における航空事故[9]

国内の搭乗旅客死亡事故は，1996年以来発生していない．また，事故件数は，年間10件以下で推移ししている．これらの事故の多くは乱気流等による乗客または客室乗務員の怪我によるものである[10]．負傷者数は2002年以降，年間50名以下で推移している．

しかし，2005年にヒューマンエラーが関係すると見られる事故・トラブルが国内のさまざまな交通機関で多発したことから，2006年に「事業者においてトップから現場まで一丸となった安全管理のための体制の構築を図ること」および「その安全管理の体制について国が監視する仕組み（安全マネジメント評価）を導入すること」との趣旨が盛り込まれた，いわゆる「運輸安全一括法」[11]が成立する．この法律の制定に伴い，「安全管理規程」に基づく安全管理体制の展開が航空会社に求められる[12]ことになった．航空会社の安全管理体制は，安全方

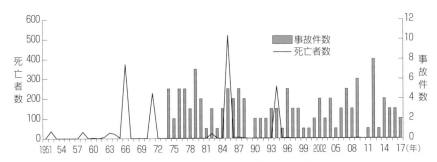

図8−4　日本国内航空事故件数と航空事故死亡者数（いずれも大型機）

注：事故件数は1974年に航空事故調査委員会が設置された以降の件数.
出典：運輸安全委員会「航空事故の統計」〈https://jtsb.mlit.go.jp/jtsb/aircraft/air-accident-toukei.
　　　php〉〈2020年8月9日閲覧〉，運輸省航空事故調査委員会事務局［1999］「日本の航空事故統計（平成10
　　　年12月31日現在）」，日本航空協会［2010］等より作成.

針，安全推進のための組織と責任体制，情報収集・周知，事象・情報の分析・評価を踏まえた再発防止活動，未然防止活動，教育・訓練・啓発（表彰を含む），緊急時の措置，監査，管理体制の見直し等から構成され，この体制を駆動させるために安全文化は欠くことができないものと位置づけられている[13].

4　安全管理体制の課題

今後，航空会社が安全管理体制を進展させていくための主な課題を挙げる.

（1）安全管理体制の把握
見えにくい安全管理体制のレベルを把握しようとするときに，事故の発生頻度を指標とすることは2つの理由から不適切である．理由の1つは，事故が発生する確率はきわめて低いので，事故に至るまで指標は何も示さないからであり，もう1つの理由は，事故はすでに起こってしまっているからである．さらに言えば，安全管理体制のレベルにかかわらず，不幸にして事故が発生することも否定できないからである．こうしたなかで，安全管理体制のレベルを把握する指標として，国際的に取り組みが進められている SSP[14]（State safety programme）［ICAO 2018：8-2—8-3］の活用が期待される．あらたな指標を活用して，常に自組織の安全管理体制の状態を監視，評価，改善することが重要である[15].

（2）安全文化の醸成

　安全報告書をみると多くの日本の航空会社は「安全文化の醸成」を唱っている．しかし，真の「安全文化の醸成」のためには「潜在的な危険性を有する技術において，安全文化という言葉ほど頻繁に議論されている言葉はない」が，「ほとんど理解されてもいない」というリーズン［1999：271］の言葉の意味をよく考える必要がある．リーズンは，安全文化の4つの重要な構成要素として，① 報告する文化，② 正義の文化，（受け入れることのできる行為と受け入れることのできない行為の間の線引きについて組織構成員の合意がおおむね形成され，それにそって対応・判断される文化），③ 柔軟な文化（変化する要求に効率的に適応できる文化），④ 学習（観察する・考える・創造する・行動する）する文化を挙げ，これらが作用し合うことにより組織事故の抑制に機能する「安全文化」と同等の「情報に立脚した文化」を形成するとしている．

　さらに，安全文化は，これらの4つの構成要素を足し合わせたもの以上のものであり，その達成に向けて努力することであり，めったに達成されることのないものとしている．航空会社は，このリーズンの指摘の重みを受け止めて，真の「安全文化の醸成」に努める必要がある．著者が考える「安全文化の醸成」をうながす4つの安全文化の構成要素が作用し合うモデル（図8-5）を示す．

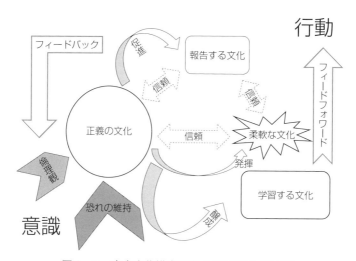

図8-5　安全文化構成要素の相互関係（概念図）

出典：ジェームズ・リーズン［1999］航空会社安全管理規定等から筆者作成．

■注 ───

1) 航空法116条の6（本邦航空運送事業者による安全報告書の公表）により日本の航空運送事業者は，毎事業年度に輸送の安全を確保するために講じた措置及び講じようとする措置その他の国土交通省令で定める輸送の安全にかかわる情報を記載した書面等を「安全報告書」として作成し，これを公表することが求められている．

2) ICAO 事故防止マニュアルは，リスクを「重大度や確率の観点から特定のハザードに起因する望ましくない事象の影響を表すもの」[ICAO 2005：A-6]，ハザードを「人命，財産または環境の損傷を引き起こす可能性のある状況または状態」[ICAO 2005：5-5] としている．

3) ミトロフら[Mitroff and Alpaslan 2003]は，事故をノーマル・アクシデント（「起こるべくして起こる事故」[中西 2007：1]），アブノーマル・アクシデント（テロ行為，製品改ざん等の犯罪に該当する意図を伴う行動によるもの），地震，洪水，火災等の自然に起因するものの3つに分類している．
また，大手航空会社は「保安」に対して SeMS（Security Management System）を導入して安全管理と同様な体系的な管理を実施している．

4) 「事故には，その影響が個人レベルに収まる事故（個人事故）と，その影響が組織全体に及ぶ（組織事故）の2種類がある」[リーズン 1999：1]．

5) 完全に制御された航空機の地上や物への衝突[ICAO 2005：A2]．

6) この分類は，死亡者数，事故当たりの死亡率の高さ，事故・インシデント数により選定され，ICAO，非政府組織，事故等の情報源から収集した安全に関するデータの分析結果に基づいている[ICAO 2019：1-3-4─1-3-5]．

7) ここでの「地域」とは，ある地理的領域内において共同で安全を強化する活動を行うために協同する国の集まりや団体を指す．

8) ICAO が1997年から導入した航空安全の課題に優先順位をつけて継続的な改善が図れるように利害関係者をサポートする戦略的計画（「Global Aviation Safety Plan」略称 GASP）を指す．

9) 航空事故とは，航空法76条に定められている「航空機の墜落，衝突又は火災」，「航空機による人の死傷又は物件の損壊」，「航空機内にある者の死亡（自然死等を除く）又は行方不明」，「航行中の航空機の損傷」を指す．

10) 1974年から2019年までの事故件数（大型機）のおよそ4割は，揺れに起因する事故である．

11) 「運輸の安全性の向上のための鉄道事業法等の一部を改正する法律」（平成18年法律第19号）．

12) 安全管理規程の作成・届出等義務付け対象は，当初，許可を受けた本邦航空運送事業者のうち，運航する航空機の客席数が30席以上又は最大離陸重量1万5000キログラム以上である事業者とされていたが，2011年4月以降はすべての航空運送事業者が届出等義務付けの対象となった．

13) ICAO [2005：A-7] は，「安全文化は，安全に対する組織の共通の信念，価値観，実践，態度で構成される．企業の安全文化は，経営者によって作り出される労働者の安全に対する態度を形作る雰囲気である」としている．

14) SSP により国は国レベルの安全指標と目標値をたてて安全監督を行い，事業者は事

業者レベルで安全指標と目標値をたてて安全管理を行い，理想的には国と事業者の安全指標と目標値が有機的につながることを目指している．また SMS においては事業者レベルで安全状態を把握し，不安全事象の発生を未然に防止するための安全指標を導入することが推奨されている．

15）国土交通省航空局は国際民間航空条約第19附属書に従い，民間航空の安全のために講ずべき対策等について網羅的に定めた「航空安全プログラム」（State's civil aviation Safety Programme）を2013年に制定している．

参考文献

Boeing Commercial Airplanes［2019］*Statistical Summary of Commercial Jet Airplane Accidents Worldwide Operations 1959-2018*, Boeing Commercial Airplanes.

The Department of Defense［2012］Department of Defense Standard Practice System Safety, MIL-STD-882E.

IATA［2020］*Safety Report 2019 56ndEdition*, IATA.

ICAO［2005］*Accident Prevention Programme*, ICAO.

ICAO［2016］*Safety Management 2nd Edition*, ICAO.

ICAO［2018］*Safety Management Manual（SMM) 4th Edition*, ICAO.

ICAO［2019］*2020-2022 Global Aviation Safety Plan*, ICAO.

Mitroff, I. and Alpaslan, M.［2003］"Preparing for Evil", *HBR*.

Reason, J.［1997］*Managing The Risks of Organizational Accidents*, Ashgate（ジェームズ・リーズン『組織事故』塩見弘監訳，高野研一・佐相邦英訳，日科技連出版社，1999年）.

Wood, R.［2003］*Safety Programs-A Management Handbook 3rdEdition*, Jeppesen（リチャード・ウッド『航空安全プログラム－マネジメント・ハンドブック第3版』航空輸送技術研究センター訳，航空輸送技術研究センター，2008年）.

運輸省航空事故調査委員会事務局［1999］『航空事故調査委員会事務局報 No. 21』日本航空機操縦士協会複製.

国土交通省航空局［2020］「航空安全プログラム」（改正　国空企第69号）.

中西晶［2007］『高信頼性組織の条件』生産性出版.

日本航空協会［2010］『日本の航空100年　航空・宇宙の歩み』日本航空協会.

日本航空史編纂員会編［1992］『日本航空史　昭和戦後編』日本航空協会.

ミトロフ，I.・アルパスラン，M.［2005］「健全なる組織はクライシス感度が高い」『「リスク感度」の高いリーダーが成功を重ねる』DIAMOND ハーバード・ビジネス・レビュー編集部編・訳，ダイヤモンド社.

（久保俊彦）

第9章 航空会社の商品（運賃と販売手法）

1 航空会社の商品特性

（1）航空券の需要

a 商品の特徴

航空会社の商品（サービス）は，航空機の座席を予約し，航空券を購入することにより提供される．

定期航空輸送事業を行うエアラインは，路便計画を立て時刻表を顧客に提示している．しかし，その需要は常に一定量が見込まれるわけではなく，商品の需要は，季節・曜日・時間帯等による変動が激しい．国内線を例に挙げれば，①週末の大安→新婚旅行客，②週末・日曜の夜→単身赴任者，③お盆・年末年始→帰省客，④連休→旅行客，といった需要の高い曜日や時期・便があるのが特徴である．これらをふまえ，商品の販売価格は，①ピーク（peak）「繁忙期」，②オフ（off）「閑散期」という概念で，それぞれ価格設定されている．さらに，1日の時間帯，曜日，路線，季節ごとにピークとオフが存在するため，さまざまな視点から，運賃を設定することになる．

b ビジネス需要と閑散期対策

ビジネス客が航空券を購入する場合には，個人が旅行商品の一部として航空券を購入する場合に比べて，その選択理由や利用に特徴がある．ビジネスのための利用の場合，その利用頻度は比較的高い．また，出発直前までスケジュールが決まらないことも多く目的地での滞在時間に変更があるなど，利用者が予約変更の柔軟性を望む傾向があり，汎用性のある正規運賃の航空券を販売することが期待できる．さらに，目的地が明確であり，路線によっては競合する航空会社が存在しなければ価格競争の必要がない．ビジネス客の場合，運賃の負担者が会社で運賃負担力が高いことからも航空会社にとって重要な顧客である．

これに対し，旅行客は予定を立てて旅程を組み航空券を購入する．ピーク時

以外の閑散期に旅程設定に自由度のある顧客層を呼び込むために，閑散期対策
としてキャンペーンを実施したり，イールド・マネジメントによる格安運賃を
設定したりすることなどが行われている．

（2）イールド・マネジメント（需要変動への対応）

　ところで，目的地までの移動手段である交通サービスという商品は，出発時
刻を過ぎてしまうと，販売されなかった空席は一切の価値を失い，また，在庫
として保存することができないという特性を有する．そのため，航空会社は空
席を減らす必要がある．他方，特に需要の多い時期については，オーバーブッ
キングが起きないようにする必要がある．このように，便単位できめ細やかな
座席管理を行わねばならず，最適な時期に最適な価格で座席を販売することに
よって収益の最大化を実現する手法を「イールド・マネジメント」という．

　イールドとは便当たりの平均顧客単価を指し，単位収入とも呼ばれる．イー
ルド・マネジメントの目的は，需要動向や予約状況に応じて販売予測を立てな
がら1便当たりの収入の最大化を図ることにある．飛行機は，満席でも「カ
ラ」で飛ばしてもほぼ同様のコストがかかるため，空席を残すぐらいなら格安
の運賃で集客した方が収益は上がる．

　しかし，全旅客が格安運賃で乗ったのでは，運航コストを回収できない．航
空会社としては，普通運賃またはそれに近いビジネス需要の旅客に対応できる
ような座席数を最大限確保しつつ空席を最小限にするために，需要の変動に応
じてきめ細かく販売をコントロールしている．

　過去の予約・販売実績に基づきながら需要の予測を立て，市場の顧客セグメ
ントに適した運賃を適切なタイミングで設定する「プライシング」（価格設定）
では，高需要と予測すれば価格を高く，低需要と予測すれば低価格とするなど，
実際の予約状況によって随時販売価格を変動させ，より多くの販売（利益の最
大化）を目指す．このようなコントロールを「レベニュー・マネジメント」と
いう．航空業界ではイールド・マネジメントとレベニュー・マネジメントと同
義語として扱うことも多いが，広くは，レベニュー・マネジメントという言葉
で理解しておきたい．収容可能数が一定で予約が可能なビジネス（美術館，レン
タカー，ホテル，スポーツスタジアムなど）の需要変動に対応し，利益を挙げるため
に，レベニュー・マネジメントは，欠かせない概念である．

2　航　空　運　賃

（1）国内運賃と国際運賃の違い

　国内航空輸送は，カボタージュの原則により日本国籍の航空会社に限定されている．従って競争は限定的である．一方，国際航空輸送は複数の航空会社による連帯輸送が不可欠だったため，世界全体を律する国際秩序が不可欠であった．そのため民間航空輸送が本格的始まった第二次世界大戦後，IATA（国際航空運送協会）が組織され運賃レベルを含め国際ルールを決めて来た．現在の航空運賃の仕組みを理解するにはまず，国内運賃と国際運賃の違いを認識する必要がある．

a　許認可制

　まず許認可制の違いである．2000年の航空法改正により運賃の自由化に大きく舵が切られた．国内運賃は，この改正により運航航空会社が自由に運賃・料金の設定ができるようになり国土交通省に届け出て許可を得る形となった．（航空法105条）すなわち国内運賃は**法令上届け出に基づく許可制**となっている．

　これに対し国際運賃は，法令上は依然として認可が必要である．（航空法105条の3）国際運賃は基本的には従来通り2国間航空協定がベースになっている．ただし，後述するがIATA運賃中心から，キャリア運賃中心になった現在，自由化の流れを尊重した認可行為の姿勢になっていることは否めまい．ただ忘れてはならないのは，国際運賃は**法令上認可制**である．

　国際線を運航する外国の航空会社も適用する運賃・料金・規則を認可申請しなければならない（航空法129条の2）．これもまた2国間航空協定がベースにある．

b　運賃計算の基本規則

　運賃計算規則の国内線と国際線では異なる．国内線の運賃計算は，複数の旅程がある場合，各区間運賃を単純に合算するのが原則である．

　一方，国際線の運賃計算は運航距離をベースとする「マイレージシステム」という独特の計算方式に依っている．この計算規則はIATA創設より現在に至るまで不変で，現在でも世界的に使われている．キャリア運賃の時代になっても国際旅行は連帯輸送なしの旅程は不可能で，世界共通の国際ルールは必要なのである．キャリア運賃規則において「運賃計算例外規定なし」と書かれて

いるものはマイレージシステムを適用するという意味となっている．

c　精算制度

わが国の場合，運賃精算の制度も国内と国際では異なる．国内線の場合，売り上げの精算は航空会社と代理店契約した旅行会社の間で直接行われる．国内線の場合，全社共通の標準航空券というものが存在しない．従って，往路・復路で航空会社が違う場合は一葉の航空券で発券できない状況になっている．国際線の場合，旅行会社の売り上げの精算はIATA BSP制度（Billing and Settlement Plan）によっている．これは売り上げをIATA指定精算銀行に送金し，一定の規則に基づき精算を行うもので，連帯輸送（一葉の航空券で複数の航空会社が印字されている）が前提となっている．自社発券の分も含め航空会社間の最終的な請求，非請求の精算は，IATA CLEARING HOUSEで行われる．国際線には全IATA航空会社共通のIATA標準航空券が使用されている．現在ではE-TKT（電子航空券）となっているが国際線E-TKT制度も基本原則はIATAが定めたものである．我が国でBSPが国内線を扱わないのは，国内線を運航している航空会社がメリットを認めていないことが背景にある．

（2）国内航空運賃制度の沿革

国内航空旅客運賃は，かつての運輸省（現在は国土交通省）による厳格な認可制から2000年の法改正を経て事前届出制へと運賃の自由化が行われ，特に航空会社間の競合が激しい路線において平均的な運賃水準は大幅に低下した．この意味で，旅客にとっては，メリットの大きい変化であった．

国内運賃制度が変わり始めたのは1995年一部運賃・料金の届出制化されたころである．割引率が50％までの営業政策的運賃とスーパーシート料金などの一部料金が届出制となった．

1998年には運輸政策審議会航空部会が国内運賃の事前届出制を提言した．この年，スカイマークエアラインズ，北海道国際航空が就航したがいずれも普通運賃の50％を超える割引の運賃を申請．認可を受けている．

2000年2月改正航空法が施行され国内運賃は認可制から届出制となった．届出制になった現在，各社とも割引運賃のラインナップを充実させており利用顧客の利便性は向上している．国内大手2社の運賃料金の概要は以下の通りである．運賃は普通運賃と割引運賃がある．

a　普通運賃

普通運賃は，大人普通運賃（12歳以上）と子供普通運賃（3歳以上12歳未満）があり3歳未満の幼児は大人に同伴され座席を使用しない限り無料となっている．普通運賃は予約変更がいつでも可能である．

b　割引運賃

割引運賃には，営業政策的運賃と社会政策的な運賃がある．営業政策的運賃には，往復割引運賃，事前購入型運賃などがある．社会政策的な運賃としては身体障がい者割引運賃などがある．料金は一般的に付加的サービスに足して支払われるものである．超過手荷物料金，ペット料金等がある．

国内線運賃及び適用規則は，航空各社の時刻表に掲載されている．

（3）国際旅客運賃制度の概要

第二次世界大戦後，民間航空が始まって以来，国際航空運賃はIATAで決定される運賃を適用してきた．時代の変遷とともに公示運賃と実勢運賃の乖離が問題となってきた．まず日本発国際運賃の沿革について述べてみたい．

1980年代後半から日本人海外旅行者の激増に伴い，政府の認可したIATA運賃と「格安航空券」という言葉に代表される市場で流通する実勢運賃との著しい乖離が問題化するとともに，個人旅行などの旅行形態の多様化に対応した運賃体系が求められるようになった．

1993年3月，運輸省航空局長の私的懇談会である「航空運賃問題懇談会」が，日本発の特別運賃について，航空会社間の競争の現状を反映した弾力的な運賃制度の実現を提言した．

上記に基づき1994年4月よりIIT運賃，新PEX運賃が導入され一定の幅で自由に運賃設定ができるゾーン運賃制度が導入された．

1998年10月キャリアIT運賃が導入され一定幅の下限が撤廃された．またゾーンペックス運賃についても下限額がより低く設定された．この改正により利用者は，より安い価格でパック旅行や個人旅行楽しめるようになった．

2000年2月改正航空法が施行され国内運賃は，運賃認可制より届出制に変わった．しかし国際航空運賃については，IATA運賃協定遵守というわが国の基本があるため各社ともIATA協定運賃の申請を行った．それに加えてキャリアIT運賃とゾーンペックス運賃（IATAペックス運賃レベルを上限とする）の申請を行いIATA運賃とキャリアペックス運賃が並存する形となった．

　2011年 IATA は，運賃調整会議による運賃決定方式を廃止した．各国にお
ける独占禁止法違反の指摘が厳しくなってきたことがその背景にある．ただし，
キャリア運賃レベル決定，さらにはインターライン精算作業等，参考となる
IATA 運賃レベルは必要との理由により IATA 航空会社各社の運賃レベルの
平均値を調整した数値を，フレックス運賃として IATA が公示することとな
った．2011年4月発効の運賃より普通運賃のみフレックス運賃が公示された．
さらに2018年11月から普通フレックス運賃も廃止され IATA 運賃は，全廃さ
れた．実質的にキャリア運賃のみが使われる時代が到来した．ただし，IATA
運賃計算規則は依然として有効であり，全世界でこの規則が使用されている．

✈ さらに詳しく　IATA 運賃制度の骨子

- **出発国通貨建て運賃**

　国際航空運賃は出発国通貨建てで設定されており（例えば，日本発は円建て，米国発
はドル建て），タリフ（運賃及び適用規則表）や GDS（後述）等に公示されている．
これを公示運賃（Published Fare）という．一般的に出発国の経済レベルが高い場合
は運賃が高く，その逆は低く設定されているのが実態である．これを，運賃の方向別格
差という．

- **運賃計算のツールとしての単位**

　1つの旅程の運賃は必ず出発国通貨で算出するよう決められている．運賃計算を行う
共通の単位として NUC（Neutral Unit of Construction）を使用する．1NUC＝
1USD となっており，各々の出発国通貨建て運賃を，この出発国通貨建て運賃を NUC
に換算して計算する．

- **換算レート**

　出発国通貨建て運賃を NUC に換算する際は，ROE（Rate Of Exchange）と呼ば
れる換算レートを使用する．

　NUC を使用して運賃計算をし，NUC 総額から出発国通貨に換算する際にも ROE
を使用する．ROE は航空券の販売日に有効なものを使用し，原則として実勢レートに
沿うように3カ月ごとに変更される．

　　　1 - 3月の ROE ⇒12月のレート　　　4 - 6月の ROE ⇒3月のレート
　　　7 - 9月の ROE ⇒6月のレート　　　10-12月の ROE ⇒9月のレート

- **マイレージシステム**

　IATA 運賃規則は距離をベースとするマイレージシステムである．これは，2地点間
の距離（単位：マイル）をベースとする運賃計算方式でこの基本的な用語と仕組みは以
下の通りである．2地点間の最短航空距離 x1.2を最大許容距離（MPM）とし，区間距
離の合計が MPM 未満であれば直行公示運賃が適用されるというもので，MPM を超
えた場合は一定の規則に従い割増するという規則である．キャリア運賃もマイレージシ
ステムによる計算を原則とする．異なる場合は運賃計算例外規定として「距離計算は行

わない」という記述がなされる.

（4）運賃決定の理論

a　費用（原価）の考え方

国内線も国際線もキャリア独自で運賃を決定する時代になった. 運賃レベルを決定するにはどれだけコストがかかるかと言うことが基本にある. 供給側の原価と, 旅客側の需要を考慮して運賃は決定される. 原価については全路線で見る方法と路線別で見る方法とがある. 需要については, 座席クラス別のきめ細かい需要の予測が必要である. これを表にすると以下の通りとなる.

総括原価	航空会社が運航する全路線（国内線と国際線は通常区分される）を一括して費用（原価）計算を行って運賃を決める総括原価という考え方がある. 会社全体で収支計算を行うことを意味する. 費用には固定費と変動費があり, 各々積算される.
路線原価	個別路線ごとの原価を基に原価計算を行って運賃を決める路線原価という考え方がある. 路線別独立採算制をとることを意味する.
需要と供給	運賃を決定する際に考慮される項目には, 競合する運送機関の存在や予約状況など原価以外の要素がある. また, 運賃は最終的に会社の収支がバランスするように決められるべきであり, 現実には需要と供給, 双方を考慮して運賃が決められている.

b　需要の価格弾力性

価格の変化が, 需要の変化にどの程度影響を与えるかを計測するための数値を需要の価格弾力性という. 需要の価格弾力性は次の式で示される.

弾力性＝ある財の需要量の百分比変化÷当該価格の百分比変化

一般的には価格を下げれば需要は上がる. たとえばある路線の航空運賃が2万円から1万6000円に値下げされ, その結果旅客需要が1週間で3万人から3万9000人に増加したとする. この時の価格弾力性は以下の通りとなる.

弾力性＝30％÷20％＝1.5

この1.5という数値は運賃の1％の下落は, より大きい1.5％の旅客の増加をもたらすことを表している. 運賃引き下げ前の収入6億円は値下げによる旅客増加で6億2400万円となり増収となる. このように需要の価格弾力性は, 運賃額決定の際, 有効なツールとなる. 一般的に航空商品は, 価格弾力性が高い商品と言われる.

3　GDS の貢献

（1）CRS から GDS へ

　航空会社の商品の予約・販売の方法が変遷する中で生まれた商品として GDS（Global Distribution System）がある．現在では，GDS として旅行会社，ホテル，レンタカー，鉄道会社などの旅行業界をネットワークでつないでいるコンピューターによる予約システムは，CRS（Computer Reservation system）として，1963年にアメリカン航空が Sabre を稼働した時に始まる．1970年代，大型機の就航により大量航空輸送時代が到来すると，航空券の予約の取扱量が大幅に増加し，航空会社と旅行会社とのやり取りについても，利便性と効率性を追求する必要性が生じる．1976年にアメリカン航空が自社 CRS である Sabre を旅行会社に開放したことにより，それまで電話などに依存していた予約手配業務の効率化が図られた．CRS は，航空会社と旅行会社の流通システムとして，また同時に，販売促進に主眼を置いた戦略情報システムとして，航空会社の営業システムの中核をなす地位を確立した．

　しかし，各航空会社が自社の CRS 上で自社便を優先的に表示するなど有利な情報ばかりを提供すると，旅行者の不利益につながると判断した米国運輸省が，1984年に「CRS 規制法（CRS ルール）」を施行した．その後，情報通信網の整備拡大や，情報通信技術の進展に伴い，CRS は航空会社の販売促進に主眼を置いた戦略情報システムから旅行業流通を担う世界的なネットワークをもつ公平・中立な流通システムへと転換し，GDS へと発展する．

　これまで欧米を中心に数々の GDS が誕生したが，統廃合が進み，現在では，Sabre, Amadeus, Travelport が 3 大 GDS と呼ばれている．

（2）GDS の発展

　GDS は，1980年代以降，旅行会社へのシステム提供利用料と航空会社からの予約手数料を収益とする独立したビジネスモデルを確立し，情報サービス業として，現在に至るまでの間に，各種商品を販売するサプライヤーから消費者までの旅行流通チャネル全般をサポートするサービスプロバイダーに進化した．店舗を持たずにインターネット上で旅行商品を販売する OTA も，ホームページを閲覧している利用者には見えない部分で GDS を利用することにより

WEB 上での予約や問い合わせ，販売が可能になるのである．

　20世紀後半，Ｅチケット（E-TKT）の登場とともに航空会社は自社の WEB サイトから直接航空券を販売することが可能になった．かつて航空会社と企業間の専用システムとしてインフラが必要であった GDS は，WEB 上での展開も可能となり，インターネット環境とパソコンがあれば小規模な事業者でもシステムを導入できるようにもなった．グローバル化が進み，旅行商品の世界規模の流通対応など，航空会社単独では開発しきれないほどに，GDS が提供できる業務範囲は拡大している．

（3）販売チャネル

　旅客は，旅程が決まれば航空機の座席を予約し，航空券を購入する．利用客にとって航空会社の予約・販売部門は，航空会社との最初の接点となる．航空会社では，その際の経路を販売チャネルと呼ぶ．航空券は，航空会社から旅客個人へ，また，旅行商品の一部として航空券を必要とする旅行会社（近年は OTA が増大）へ，あるいは企業の渡航窓口などへ販売される．旅客は，ニーズに合わせてそれぞれの販売チャネルを通して航空券を予約し，入手する（表9-1）．

表9-1　航空券の予約方法と利便性

販売チャネル	例	利　点
WEB	航空会社のホームページ，アプリ	時間帯・場所を気にせずに手軽に検索できる
	旅行会社ホームページ OTA（楽天トラベル，じゃらん，一休 com，Expedia など）	
旅行会社（店舗）	JTB，近畿日本ツーリスト，日本旅行，阪急交通社，HIS など（航空券のみ，航空券＋宿泊などのパッケージツアー）	説明や提案を受けながら，比べて検討できる
企業の渡航窓口（業務渡航など）		出張などのビジネス旅行のニーズに合わせてくれる
航空会社（対人）	各地支店・営業所カウンター，空港カウンター，予約センター（電話）など	航空会社を指定して購入する 直接，希望を伝えたり，説明が聞ける

出典：筆者作成．

（4）エアライン・ビジネスとeコマース

　20世紀後半のIT産業の急速な発展により，航空業界は，その販売チャネルを大きく変化させている．インターネットの急速な普及からインターネットを用いた取引（電子商取引）が市場で多様化した．これらの取引をeコマース（EC）と呼ぶ．総務省によれば，2019年の国民のインターネット利用率は89.8％と，ほぼ9割に達しており，世帯におけるスマートフォン所有率も8割を超えている（令和元年度通信利用料動向調査）．

　旅客はモバイル端末の発達により24時間365日いつでも航空会社から情報を獲得し，店頭や電話で直接的なやり取りをしなくても商品（航空券）を購入できるようになった．航空会社各社も複数のプラットフォームで顧客獲得のための情報配信や販売のためのアプリの改善に努めている．

　自社WEBサイトやアプリによる予約─販売─利用（座席指定からチェックイン・搭乗）─マイレージ特典利用等幅広い顧客サービスが展開できるようになったことは，各種手数料や人件費の削減，紙の航空券を廃止してEチケットを採用することによる経費削減といった収益への貢献だけでなく，紙文書削減（森林保護）の観点から地球環境保護にも貢献する．また，各種アプリ・SNSの利用者への情報発信や特典の配布といった営業活動は，航空会社本体だけでなく関連事業における新規顧客開拓（ホテル・商社など）にもつながるであろう．

参考文献

1　（航空会社の商品特性）・3　（GDS）
ANA総合研究所編著［2015］『エアラインオペレーション入門　改訂版──航空を支えるプロの仕事』（第2版）ぎょうせい.
総務省［2020］『令和元年度通信利用料動向調査』.
高橋一夫・柏木千春編著［2016］『1からの観光事業論』碩学舎.
日本航空広報部編［2014］『最新航空実用ハンドブック』朝日新聞出版.

2　（航空運賃）
ANA総合研究所編著［2016］『航空産業入門』（第2版）東洋経済新報社.
岡本伸之編［2004］『観光学入門』有斐閣（有斐閣アルマ）.
航空・観光研究学会編著［2013］『入門　航空事業』.
旅行綜研編著［2016］『海外旅行実務Ⅰ』旅行綜研.

（1・3：稲本恵子，2：手島廉幸）

第10章 航空会社の関連事業

　航空会社の事業は，航空直結事業とその周辺事業から構成されている．航空直結事業には，航空券の予約・販売サービス（第9章参照），空港の旅客サービス（第11章参照），運航管理サービス，航空機のグランドハンドリング（第11章参照），航空機整備関係，貨物・物流関係，燃料関係等がある．これらは以前ほとんどの業務を航空会社自身で行っていたが，機能特化によって効率性・専門性を高める等の観点から，現在では一部を除き，専門の関連会社が担当している．

　周辺事業では，主として JAL の関連事業を例に，ケータリング（機内食）会社，ホテル会社，カード会社，旅行会社，商事流通会社のそれぞれの事業の設立・展開とビジネスモデルの変遷，現状を紹介・解説する．

1　航空直結事業関連会社

（1）旅客サービス会社

　空港での業務はさまざまな組織・集団の機能が集結したものである．その中で業務の効率化を図るため，チェックインカウンターや搭乗ゲートなどのグランドスタッフによる旅客サービスは，航空会社が設立した専門機能会社により実施されている．

　JAL 系の旅客サービス会社は JAL グループ便を取扱い，ANA 系の旅客サービス会社は ANA グループ便を取り扱っている（表10‐1）．

　JAL では1987年頃より，空港の基幹業務の専門的ノウハウを蓄積する場として各地域それぞれに子会社を設立した．専門知識の深化を追求し，地元に根ざした雇用を創出するという観点に基づいている．地元空港ビルディング会社等の出資を受けた経緯もあり，当時は，北海道航空旅客サービス，名古屋国際サービス，関西旅客サービス，九州国際サービスなどと JAL 名を冠しない社名であった．当初の業務は旅客サービス業務の受託であったが，次第に航務業務（地上社員による運航支援業務）の受託にまで拡大した．やがて JAL 空港支店

表10‐1　主要空港の旅客サービス会社

空港名	JAL グループ	ANA グループ
新千歳空港	㈱JAL スカイ札幌	ANA 新千歳空港㈱
羽田空港	㈱JAL スカイ	ANA エアポートサービス㈱
成田空港	㈱JAL スカイ	ANA 成田エアポートサービス㈱
中部空港	㈱ドリームスカイ名古屋	ANA 中部空港㈱
大阪伊丹空港	㈱JAL スカイ大阪	ANA 大阪空港㈱
関西国際空港	㈱K スカイ	ANA 関西空港㈱
福岡空港	㈱JAL スカイ九州	ANA 福岡空港㈱
那覇空港	JAL スカイエアポート沖縄㈱	ANA 沖縄空港㈱

出典：各社ホームページより筆者作成.

の総務部門を担当する等，業容を拡大，さらに JAL の空港支店全体運営まで担当するに至り，JAL の空港支店長が地域旅客サービス会社の社長を兼務する一体運営組織化を図る際に JAL の完全子会社化に資本を再整備，併せて社名に JAL 名を冠し「JAL スカイ＋地名」シリーズに統一化を図った.

　機能分担型経営にはある程度のリスクも伴う．関連会社に機能分担化した場合には，本来，航空会社内部に蓄積しておくべきノウハウ・技能が関連会社に移転して空洞化し，外部に散逸するリスクがある．とりわけ空港業務は航空会社独特の専門・基幹業務であるから慎重な管理枠組みが必要である．もっとも，JAL は，社員が入社と同時にあるいは人材育成・人事ローテーションの一環として旅客サービス会社に出向する制度を設けており，またその逆として，旅客サービス会社社員が親会社である JAL に出向する制度も設けており，双方向での制度運用によってノウハウ蓄積や技能向上，社員モラル向上が担保される仕組みになっている.

（2）航空機のグランドハンドリング関連会社

　グランドハンドリングとは，航空機を運航する上で不可欠な支援を地上から行う業務のことである．航空機内で働くパイロットや客室乗務員に対し，地上で業務を行うことを意味する航空業界独特の名称である.

　航空機の大型化に伴い，作業が多様化し物量が飛躍的に伸びた．そのため，搭載，取り卸ろし作業，貨物の保管管理などの上屋作業，客室内清掃など，いわば航空輸送の基本的部分を集約してコストダウンを図り，生産性を上げるため別会社化されている.

2　周辺事業会社

（1）ケータリング（機内食）会社

　日本での機内食は，1929年ドイツのツェッペリン号（飛行船）が日本に飛来した際，帝国ホテルが東京—ロサンゼルス間全6日分の機内食を調製したとの記録が残っている[1]．日本のケータリング会社の発祥は1959年JALの出資により設立した東京フライトキッチン㈱（現在の㈱ティエフケー）であり，JALの機内で提供する食事・茶菓などを調製・搭載する業務を主体としていた．これは当時半官半民のJALが航空本業以外の事業を行うことを規制されていたことに加え，そもそも機内食事業が特殊性・専門性を有していることから別会社化したのである．

　ケータリング会社は，機内食を調製する専門のシェフの人材を確保し，育成することが極めて重要である．だがこれは航空本体の事業・人材とは領域が異なる．また調製した料理は，レストランとは異なり，直ぐそのままお客様の口に入ることがない．調理した機内食を航空機に運搬・搭載し，飛行機が離陸した後しばらくしてからが食事のタイミングとなるという時間の流れを考慮しなければならない．つまり時間を逆算して調理を行い，おいしさを維持することが必要となる．他にも，保冷温，機内での気圧変化，保存，衛生管理等に関わる独自のノウハウの必要性，狭い航空機内で効率良く食事を提供できる特殊カートの取り扱い・食事のセッティング，航空機への搬入等，通常の飲食業とは大きく異なる特性を持つため，専門会社化を図ったのである．

　ティエフケーはJALの重要な子会社として位置づけられたが，その後JALが機内食仕入れの多様性を確保する観点から，機内食複数子会社体制に移行し，1995年，JALと外食産業の老舗 ロイヤル㈱との合弁でジャルロイヤルケータリング㈱を設立し現在に至る．

　なお，ティエフケーは，JALの会社更生法適用に伴い，2010年に経営権を譲渡，現在，アジアを中心に複数の空港で多数の航空会社への機内食を提供する会社に変貌している．

　ANA系では㈱ANAケータリングサービスがある．

表10−2 エアラインとホテルチェーンの関連

エアライン	ホテルチェーン設立・買収		現在のホテルチェーン
パン・アメリカン航空（米） 1991年消滅	1946年 1981年	インターコンチネンタル・ホテルズを設立 売却	インターコンチネンタル ホテルズ＆リゾーツ
スカンジナビア航空	1960年 2006年	ラディソンSASを設立 売却	カールソン レジドール ホテルグループ
トランスワールド航空（米） 2001年アメリカン航空に吸収	1967年 1986年	ヒルトン買収 売却	ヒルトンホテルズ＆リゾーツ
ユナイテッド航空（米）	1970年 1987年	ウェスタンホテルを買収 売却	マリオット・インターナショナル
エールフランス（仏）	1972年 1994年	メリディアンホテルを設立 売却	マリオット・インターナショナル

出典：岡本［1979］，遠藤［2012］，各社資料より筆者作成．

（2）ホテル会社

　エアライン事業と旅行事業・ホテル事業は，従来シナジー効果の高い関係にあった．旅行客の需要を喚起するという観点からみると，エアラインの輸送力が増大することにより，パッケージツアーも豊富に商品化でき，宿泊需要も増大する，という3事業の関係は，営業戦略上極めて重要なサイクルであった．

　そもそも世界の航空会社とホテルは歴史的に相互シナジーが期待できる事業として発展してきた．

　現在ホテル業界メジャーのインターコンチネンタルホテルグループは，元々アメリカのナショナル・フラッグ・キャリアであったパン・アメリカン航空のホテル事業部門であったし，トランスワールド航空は一時期ヒルトンホテルチェーンを所有し，ユナイテッド航空はウェスティンホテルを所有，エールフランスはメリディアンホテルを設立した（**表10−2**）．

　これは，ボーイング747ジャンボジェットによる大量輸送時代の幕開けとともに，航空旅客の到着地に気心の知れたホテルを確保し，外国滞在先での（特に言語や食事，慣習などの）不安を解消する必要性があったため，「飛行機」と「宿泊」は空の旅の両輪として一体的に機能したのである．

　日本の航空会社によるホテル事業は，1959年に開業した「銀座日航ホテル」が先駆けである．東京オリンピックを数年後に控え，「首都東京に第1級の国際ホテルを」との時代の要請の中，外国人宿泊客の需要急増に対応すべく

表10‐3　JAL ANA のホテルブランド

JAL	ANA
ホテル日航	ANA インターコンチネンタル
Hotel Nikko	ANA クラウンプラザ
ホテル JAL シティ	ANA ホリディ・イン

出典：JAL，ANA 資料より筆者作成.

JAL 創業時の本社跡地に建設された．当時の JAL は航空本業以外の事業を規制されていたため，別会社を設立してホテル事業を始めた．

JAL はさらに1970年，日本航空開発㈱（後に㈱JAL ホテルズに社名変更，銀座日航ホテルを合併，現在の㈱オークラニッコーホテルマネジメント）を設立，JAL の持つ世界的な輸送力と情報ネットワーク，国際人材ソースが豊富なことを背景に「ニッコー・ホテルズ・インターナショナル」ブランドで，ニューヨークをはじめ北米 6 都市，ロンドン，パリなど世界主要都市にホテル資産を所有してホテル経営を展開した．

ANA は1973年，「全日空ホテル」のブランドを冠したホテル専業の子会社を設立してホテル経営・運営を行った．

航空事業とホテル事業は，いずれも，① 1 年365日，② 1 日24時間全世界のどこかで必ず稼動しており，③ 寝食という人間の根源的な欲求に対して満足・安心を与えるというサービスを提供し，④ 外国人に対応し，⑤ 商品自体目に見えるものではなく，⑥ 売れ残りは再販できない（在庫不可），いう事業特性において極めて近似しており，シナジー効果も大であった．

しかし時代とともに，熾烈な国際競争に耐えるため航空会社は文字通り「航空」本業に集中特化せざる得ない状況となった．ホテル会社は，航空会社の重要な子会社というポジションからビジネスモデルの変換を余儀なくされる道を辿る．

2007年，ANA はホテル資産とホテル子会社の経営権を一括売却し，以降ホテル経営およびホテル運営から完全に撤退した．現在は「ANA」ブランドを一定に維持するビジネス形態となっている（表10‐3）．

JAL は，1990年代から世界各地のホテルを個別売却していくが，これは世界のホテル業界の潮流——すなわちホテル所有・経営とホテル運営は分離の方向にある——とのグローバルスタンダードに立脚したものであった．「ホテル不動産資産としては売却するが，ホテル運営は継続する」，すなわち「ホテル

表10-4　顧客満足度ランキング　シティホテル（2018年）

	顧客期待	知覚品質	知覚価値	顧客満足	推奨意向	ロイヤルティ
1	82.5 帝国ホテル	82.3 帝国ホテル	79.3 帝国ホテル	82.6 帝国ホテル	80.2 帝国ホテル	75.0 帝国ホテル
2	リーガロイヤル	リーガロイヤル	リーガロイヤル	80.1 リーガロイヤル	オークラ	オークラ
3	オークラ	ホテル日航	ホテル日航	79.7 ホテル日航	ホテル日航	ホテル日航
4	ホテル日航	オークラ	オークラ	79.3 オークラ	ニューオータニ	リーガロイヤル

出典：サービス産業生産性協議会「JSCI 日本版顧客満足度指数2019年度年間調査結果」.

運営事業に特化する」としたのである．JAL ホテルズは，ほぼ運営受託ビジネスのみで国内外に約70軒を展開する日本初の「運営特化のホテル会社」という稀有な存在としてホテル業界の先鞭となり，運営ホテル数を拡大し，順調な業績を上げた．

　しかし JAL の会社更生法適用に伴い，2010年，ホテルオークラに JAL ホテルズの経営権を譲渡した．以降 JAL からの少額出資と JAL ブランドを継続し，現在ホテルオークラ傘下でホテル運営を行っている．

　このように，JAL の重要な子会社として設立された JAL ホテルズは，当初のホテル資産所有・経営型から，ホテル資産売却を経てホテル運営会社に転換した．現在では，JAL の出資先として，航空旅客によるホテル利用のシナジー効果を高める役割を担うビジネスモデルに変遷してきたのである．

　なお，JAL のマイレージバンクでは，JAL 系のホテルに宿泊する場合，他のホテルよりマイル積算が優遇され，また，JAL 利用クーポンを宿泊料金の支払いに使える等のメリットがある．そうした点も含め JAL ブランドを冠したホテルは現在でもブランド力が高く，顧客満足度も高いのが特徴である（表10-4）．

（3）カード会社

　現在，ほとんどの航空会社が国際ブランドのクレジットカード会社と提携してカードを発行しているが，日本での草分けは「JAL カード」である．1982年に JAL 内に誕生，1984年 JAL グループ各社の出資により㈱ジャルカードが設立された．その設立趣旨は，① JAL 顧客の組織化による個人旅客の販売促

表10‒5　顧客満足度ランキング　クレジットカード（2018年）

	顧客期待	知覚品質	知覚価値	顧客満足	推奨意向	ロイヤルティ
1	74.1 アメリカン・エキスプレス・カード	74.9 アメリカン・エキスプレス・カード	72.8 楽天カード	75.9 楽天カード	68.5 アメリカン・エキスプレス・カード	71.6 楽天カード
2	JAL カード	JAL カード	Yahoo! JAPAN カード	73.4 JAL カード	JAL カード	JAL カード
3	ANA カード	楽天カード	セゾンカード	72.3 アメリカン・エキスプレス・カード	楽天カード	アメリカン・エキスプレス・カード
4	JCB カード	ANA カード	JAL カード	72.1 Yahoo! JAPAN カード	ANA カード	JCB カード
5	楽天カード	JCB カード	View カード	72.0 ANA カード	JCB カード	ANA カード

出典：サービス産業生産性協議会「JSCI 日本版顧客満足度指数2019年度年間調査結果」.

進，② 旅客サービス諸手続きの迅速化・省力化およびサービス向上，③ カードのクレジット機能の多角的活用による新規事業の開発，④ JAL グループ関連会社の顧客の一元的組織化などの目的達成をサポートするためにクレジットカード事業を運営し，顧客データ・マネジメントなどの業務を受託するため[2]，であった.

　以来，JAL カードは JAL が提供する強力なマイレージプログラムを付加価値とした航空系クレジットカードとして認知され，「業界内でも突出した一人当たり平均利用額の高さを誇」[3]っている．現在 JAL カード会員数は372万人（2019年度末）である[4].

　通常クレジットカードを利用するとポイントが付与されるが，それに加えて海外旅行や出張などで飛行機を利用すればマイルが貯まり，特典利用などもできる他，機内免税品販売の割引，空港売店での優待も受けられる人気のあるカードである．さらには航空と直接関係のない商品購入などでもマイルが貯まる仕組みになっているのでマイルを貯め易いというメリットがある.

　JAL のクレジットカードは，VISA，JCB，アメックスなどカードブランドは異なっても，すべて㈱ジャルカードが一元的管理を行い，カードは㈱ジャルカードから発行される．一方 ANA のクレジットカードは，発行元は ANA ではなく各カード会社である．航空会社のハウスカードは，広範囲に使え，使い

勝手も極めて良いため，顧客満足度の調査では数あるクレジットカード会社の中でも上位を占めている（**表10-5**）．

（4）旅 行 会 社

　日本における海外パッケージ旅行は，1964年に日本人の海外渡航制限が解除されことを受け，1965年に誕生した「ジャルパック」が元祖である．従前，海外パック旅行は外国旅行会社製のみであったが，JAL が日本人向けに創設した日本初の商品である．その後，日本人の海外旅行ブームの大きな要因となり，現在にまで継承されている．

　航空運賃，ホテル代，食費，手続きなどのすべてがパッケージ化され，①（ナショナル・フラッグ・キャリアである）JAL より販売される安心感があり，②日本語が通じ，③ツアーコンダクターが同行し，④日本人特有のメンタリティに配慮した，⑤本格的な旅行であり，⑥個人で個別に旅行手配するよりも安く，⑦申し込み・手続きも簡単である，として大いに訴求し画期的な商品として好調に販売された．「ジャルパック」は「海外旅行の代名詞」となり，1969年に JAL と主要旅行会社の出資により，「ジャルパック」を主力商品とする旅行開発㈱（現在の㈱ジャルパック）が設立された．これは海外旅行専門の，かつホールセラー（自社販売店舗を持たず，パッケージツアーを企画し，他の旅行会社に販売を委託する卸売り形態）専業の旅行会社として設立された．

　当時，半官半民の航空会社が旅行商品の企画・販売に進出することは，旅行業界からの反発もあった．また「IATA の規則上，航空会社が直接ツアーを作ることは寡占に結びつくため禁止されていた」［澤渡 2014：12］ことから，主要旅行会社からも出資を募り別会社を設立する必要があった．さらにリテール（小売り販売）主体の既存業界との軋轢を避けるためにも，旅行開発㈱はホールセラー専業として事業を開始したのである．

　パッケージ旅行は，上記のように消費者に大きな利点をもたらし，日本人の海外旅行を大きく啓蒙したが，他方で，供給側（航空会社，旅行会社，ホテル等）のニーズを満たすものと言える側面もあった．

　当時登場したバルク運賃[5]により，運賃が普通運賃のほぼ半額になるという価格革命が起きた．この特別価格の前提条件として，まとまった座席数を単位とし，かつ，航空券だけでなく「現地で滞在のための地上部分（ホテル，地上輸送，観光サービスなど）を必ずつけ加えて「ツアー」として販売する必要があった．

表10 - 6　顧客満足度ランキング　旅行会社（2018年）

	顧客期待	知覚品質	知覚価値	顧客満足	推奨意向	ロイヤルティ
1	78.7 ジャルパック	77.9 ジャルパック	77.8 ジャルパック	81.0 ジャルパック	75.8 ジャルパック	75.8 ジャルパック
2	JTB	JTB	阪急交通社	78.7 阪急交通社	阪急交通社	ANA Sales
3	クラブツーリズム／阪急交通社	日本旅行	日本旅行	78.5 日本旅行	近畿日本ツーリスト	阪急交通社
4		ANA Sales	近畿日本ツーリスト	77.5 JTB	クラブツーリズム	H.I.S.
5	日本旅行	一休.com／阪急交通社	一休.com	77.3 一休.com	H.I.S.	楽天トラベル
6	ANA Sales		H.I.S.	77.2 じゃらんnet	ANA Sales／日本旅行	クラブツーリズム

出典：サービス産業生産性協議会「JSCI 日本版顧客満足度指数2019年度年間調査結果」.

これは安い運賃がバラ売りされて，普通運賃の旅客が特別運賃に流れるのを防ぐためであった．（…中略…）条件を満たし，まとまった人数を確保するには，旅行会社の機能が必要」［澤渡 2014：12］となり，ひいては旅行会社の発展に寄与するのである．航空会社にとっては，ジャンボジェット機の導入によって急激に増大した座席キャパシティを埋めるため，あるいは閑散期の座席消化のためにパッケージ旅行を販売することが大いに有用であった．すなわちパッケージ旅行は，航空運送と地上手配，宿泊といった構成要素の前提条件をクリアするという供給者側のニーズを満たす側面も併せ持っていたのである．

　現在では，ジャルパックは JAL 子会社の国内旅行会社との統合を経て，ツアーオペレーター事業も取り扱っている．さらにインターネットの発達によって WEB での販売が可能となり，旅行を顧客に販売（リテール）できる道が拓けた．航空券と宿泊を旅客が自由に組み立てることが可能な「ダイナミックパッケージ」といった利便性の高い商品も取り揃え，海外と国内，ホールとリテールを取り扱う総合旅行会社に変貌を遂げている．顧客満足度の調査では数ある旅行会社の中でトップに位置している（表10 - 6 ）。

（5）商事流通会社

　航空系の商事流通会社の発祥は，JAL の航空保険，技術資料の印刷を主たる業務とする日航商事㈱（JAL 子会社として1962年に設立，現在の㈱JALUX）である．

やがて，膨大なJALの機内客室用品やパイロット・客室乗務員の制服調達等に業容を拡大．さらには世界各地からの尚品の調達・販売，「ボジョレーヌーボー」輸入も手がけ，さらに航空機本体の調達業務にも拡大していく．これは航空輸送を直接サポートする事業から出発し，JALのグローバルな高速大量輸送ネットワークや，JALブランドを活かした事業展開を図ってきたという背景特性による．

2004年，JALUXはJAL子会社のまま東証一部に上場，親子上場となったが，これには当時，企業戦略の1つとして，潜在企業価値の高い子会社を上場させ創業株主が創業者利潤を獲得する機運が高まったという時代背景がある．2007年，JALの経営合理化の一環でJALの持分が双日に売却されたため，以降双日が筆頭株主となっている．現在では，創業以来の歴史を持つ保険事業は，外資系を含め20社を超える損害・生命保険会社の保険代理店としてさまざまな商品を提供しているほか，航空・空港関連事業はもちろん生活に身近な商材やサービス提供事業を展開している．

なお同種の事業として，ANAには全日空商事㈱がある．

■注

1）帝国ホテルホームページ「帝国ホテルの歴史・沿革」〈http://www.imperialhotel.co.jp/j/company/history.html〉（2017年3月15日閲覧）．

2）日本航空「おおぞら」1989年10月号．

3）日本航空プレスリリース「クレジットカード事業に係る業務・資本提携について」2008年5月．

4）株式会社JALカードホームページ〈https://jalcard.jal.co.jp/profile/organization/〉（2021年2月7日閲覧）

5）座席一括契約包括運賃．包括旅行を対象とした，一定座席数を単位とする団体割引運賃．

参考文献

Endo. N and Ozaki. T [2007] *Domain and Portfolio of Airline Business: Core Competance or Diversification,* Air Transport Research Society.

石井昭夫［2015］『アメリカ・ホテル発展史』亜細亜大学経営学部ホスピタリティ・マネジメント．

遠藤伸明［2013］『航空会社における事業構造の変化』東京海洋大学紀要（vol9）．

岡本伸之［1979］『現在ホテル経営の基礎理論』柴田書店．

澤渡貞男［2014］『海外パッケージ旅行発展史』言視舎．

杉原淳子他［2009］『新ホテル運営戦略論』嵯峨野書院．

全日空広報室資料．

竹中正道［2011］『日本の海外パッケージツアー，その功罪と未来』日本国際観光学会論
　　文集.
日本航空広報部資料.
日本生産性本部［2020］『2019年度日本版顧客満足度指数調査結果』日本生産性本部・サ
　　ービス産業生産性協議会.
山田智彦［1984］『日本航空の選択』光文社.

（馬 場 哲 也）

第Ⅲ部　現　業　論

第11章 空港業務と旅客ハンドリング

1 旅客ハンドリング

　旅客ハンドリングとは，各航空会社によって定められた運送約款に基づき，空港における旅客の搭乗手続き・手荷物の預かりおよび返却・ラウンジ業務・搭乗口での案内を行う業務のことである．搭乗のために空港に訪れた旅客と航空会社との初めての接点となる．また，円滑なハンドリングのためには，関係各部署との情報交換・事前調整も重要な業務となる．空港にて行われる旅客ハンドリング業務は，以下に挙げる5つである．

（1）カウンター業務

　搭乗手続きや手荷物の受託，航空券発券，団体旅客の受付などの業務である．また，不慣れな空港での手続きに躊躇している旅客への案内業務もあり，空港内を熟知して的確な案内を行う業務も含まれる．

　加えて，大手航空会社では顧客サービスの観点から，搭乗頻度の高い旅客に対してステータス別のサービスカウンターを設置し，より上質な顧客サービスを提供している．さらに，搭乗に手伝いを要する子連れ旅客や病気・けがの旅客などへ，きめ細やかなサービスの提供も行っている．単なる航空券の発券や接客の知識だけでなく，さまざまな旅客に適切に対応するための幅広い知識が必要な業務である．

（2）ラウンジ業務

　搭乗頻度が高く搭乗距離の長い旅客や上級席利用旅客に対し，航空会社が設置しているラウンジにて，出発前の上質なくつろぎの時間を提供する業務である．大手航空会社に見られる，上顧客に対する接客サービスのため，身だしなみや接客にはより高度なものが求められる．なお，ラウンジは出発前の単なる

待機場所ではなく，飲み物・食事の
提供や天候悪化時の運航の乱れの案
内なども行われるため，その業務は
多岐にわたる．

（3）トラフィック業務

　出発旅客に対する搭乗口での搭乗
手続き・空席待ち旅客への手続きや，
到着旅客への乗り継ぎ案内など，航
空機に近い場所で行う業務である．
旅客に対する接客業務だけでなく，
出発・到着便の担当運航乗務員・客
室乗務員とのブリーフィングにて旅
客情報を共有し，機内準備状況の確
認・搭乗口でのアナウンス・問い合
わせ対応なども行う．安全を最優先
にしながらも，定時運航に向け秒単
位での正確で迅速な対応が求められ
る．

図11‐1　カウンター業務
写真提供：JAL グループ．

図11‐2　デスク業務
写真提供：JAL グループ．

（4）デスク業務

　航空機の運航・整備状況を踏まえて，発着便すべてにおける旅客・手荷物情
報を総合的に管理する業務である．1日の予約状況を把握した上で，旅客が滞
りなく出発・到着できるよう，カウンター業務やトラフィック業務にあたって
いる担当者に指示を出す司令塔の役割を担っている．当日の便だけでなく，団
体旅客や翌日の旅客の受け入れ準備なども行う．チェックインシステムや電話，
無線機などから絶え間なく集まる大量の情報から，何がどの便に影響するのか
を的確に判断し，必要があればカウンター業務担当者やトラフィック業務担当
者へ指示を行うため，全業務の内容を把握している必要がある．また，航空機
に搭載する手荷物個数の確認を行い，搭乗していない旅客の手荷物が搭載され
ないよう，各便の搭乗の様子から手荷物の搭降載の指示や，他空港との情報共
有も行っている．

（5）手荷物サービス業務

到着地にて手荷物の取り卸し担当者と連携を図り，旅客からの受託手荷物を
スムーズに返却できるよう手配する業務である．特に，国際線で出発地にて受
託した手荷物が到着地へ未着となった場合，ワールドトレーサーという専用シ
ステムを用い，世界中の空港より他社の情報も含めた誤配送などの情報を集め，
捜索・代理通関・配送の手続きを取り，事態の収拾に努める．加えて，受託手
荷物の破損・盗難の場合には，修理・保障・賠償などの手続きを専門的な知識
を用いて行う．

✈ さらに詳しく　搭乗に注意を要する旅客について

　航空機の機内環境は，気圧・酸素濃度などが地上と異なるため，病気療養中やけがを
している旅客，妊娠中の旅客などの搭乗には注意を要する．特に，他の旅客に伝染する
可能性のある感染症，重症傷病患者の旅客は，原則として搭乗に適さない．表11‐1の
学校保健安全法に定められている感染症と出席停止期間の基準を参考に，病状や体調が
安定していて医師が搭乗に適していると診断する場合には搭乗が可能となる場合もある．

表11‐1　学校保健安全法による感染症と出席停止期間の基準

感染症名	出席停止期間
インフルエンザ	発症した後5日を経過し，かつ解熱した後2日（幼児は3日）を経過するまで
百日咳	特有の咳が消失するまで，または5日間の適正な抗菌性物質製剤による治療が終了するまで
麻疹（はしか）	解熱した後3日を経過するまで
流行性耳鼻腺炎（おたふくかぜ）	耳下腺，顎下腺または舌下腺の腫脹が発現した後5日を経過し，かつ全身状態が良好になるまで
風疹	発疹が消失するまで
水痘（水ぼうそう）	すべての発疹が痂皮化するまで
咽頭結膜炎（プール熱）	主要症状が消退した後2日を経過するまで
流行性角結膜炎（はやり目）	伝染の恐れがなくなったと医師が認めるまで
急性出血性結膜炎（アポロ熱）	
結核	
髄膜炎菌性髄膜炎	

出典：文部科学省ホームページとJALホームページより筆者作成．

　妊娠中の旅客については，出産予定日を含め28日より前の場合，体調が安定していれば特に制限なく搭乗が可能である．出産予定日を含め28日以内の旅客は，搭乗に適していることを証明する医師の診断書を提出することが必要である．加えて国際線では，出産予定日から14日以内，国内線においては出産予定日から7日以内の搭乗の場合は，産科医の同伴が条件となる．

　アレルギー疾患を持つ旅客については，旅客自身での対応を促しながらも，各社可能な範囲で対応を実施している．特に大手航空会社では，ピーナッツアレルギー対応のため，国際線・国内線全便の機内食および国内・海外自営ラウンジで提供する飲食メニューからピーナッツおよびピーナッツオイルを排除している．その他，国際線ではさまざまなアレルギー対応の機内特別食を用意している．

✈ さらに詳しく　運送約款について

　運送約款とは，航空会社が旅客・手荷物や貨物の運送を請け負う際の，旅客と航空会社の双方の義務と権利を明示しているものである．航空法107条によって，航空会社にはその掲示が義務づけられている．

　運送約款は，国内線か国際線か，旅客・手荷物・貨物すべてを含むか否か，また貸切か否かなどにより分かれている．**表11-2**にJALの例を示す．

表11-2　運送約款の例（JALの場合）

運送約款名	適用内容
国内旅客運送約款	国内運送において旅客および手荷物・貨物を運送する便に適用
国際運送約款	国際運送において旅客および手荷物・貨物を運送する便に適用
国際貸切運送約款	貸切により旅客・手荷物・貨物を運送する便に適用

出典：JAL ホームページより筆者作成.

　旅客ハンドリングに携わるグランドスタッフは，業務遂行において運送約款の内容を熟知している必要があるため，入社教育などの訓練中にケーススタディなどを用いて学んでいる．以下のケーススタディを素材にして，各社の運送約款を参照し，学んでいただきたい．

【例】 A さんが旅行先の空港から帰りの便のチェックインをしようとしたら，大雪のため空港が閉鎖となり，帰りの便も欠航になっていた．A さんは，欠航となった便の運賃払い戻しや翌日便への変更と，追加で必要になった宿泊費を航空会社に請求することはできるか？

→【答】チケットの払い戻しは，請求可能．ただし，チケット購入時の契約内容により便の変更ができるかは異なるため，チケット購入時の契約内容の確認が必須である（航空会社のよっては，翌日便への振替などを実施することがある）．また，「大雪による空港閉鎖」での欠航は，航空会社の都合ではなく不可抗力によるものなので，追加で必要になった宿泊費は，原則，航空会社には請求できない．

2　ステーション・オペレーション

　航空機を安全に運航させるため，気象・各空港・航空路の状況や，航空機の整備状況・パイロットや客室乗務員のスケジュールなどすべての状況を把握した上で，運航を支援する業務を「運航管理」という．航空機の安全運航に必要不可欠な業務であり，運航管理者（ディスパッチャー）はこの業務の責任を担う．ディスパッチャーがこの業務を実施するには，航空無線通信士と運航管理者の国家資格を有する必要があり，航空法77条ではディスパッチャーの承認を受けなければ航空機は出発することはできない旨を定めている．航空会社は，24時間体制で運航を集中管理する部署にディスパッチャーを配置しており，その業務を各空港で支援するのが，ステーション・オペレーションである．業務内容は，主として飛行監視業務・運航管理補助業務・空港発着作業管理業務である．

（1）飛行監視業務・運航管理補助業務

　飛行監視業務とは，飛行中の航空機や目的地の状況を監視し，安全な飛行を支援する，ディスパッチャーが行う業務である．目的地の天候の急変や，急病人の発生，航空機の故障などのトラブルが発生した際には，目的地の変更など，必要に応じてパイロットの援助を行う．このディスパッチャーが行う飛行監視とは別に，各空港における出発・到着の揺れに関する最新情報などについて，航空無線などを通じてパイロットに伝達する業務が運航管理補助業務である．加えて，管制官とパイロットの交信を傍受することで，運航に影響を与える事象が発生していないかどうかを確認し，ディスパッチャーに代わりパイロットを援助する業務も行う．パイロットとの交信は，通常専門用語を含んだ英語であることから，語学力と無線交信のための専門用語を熟知する必要がある．

（2）空港発着作業管理業務

スポットコントロール業務とも呼ばれ，各空港の発着作業が遅延なく行われ

るよう空港内外の関連部署と調整を行う業務である．悪天候などによる大幅な遅れが見込まれる場合には，駐機場（スポット）を変更したり，機内清掃や搭載物の搭降載がスムーズに行えるよう関連部署へ連絡して次便への影響を最小限にしたり，航空機全体のスケジュールを統制している担当者に使用する航空機の変更（必要があれば欠航）の検討依頼を行ったりするなど，調整・交渉能力，加えて決断力が必要である．

✈ さらに詳しく　**ブリーフィングについて**

　ブリーフィングとは，機長が出発前に確認すべきことが航空法73条の2（詳細は航空法施行規則164条の14）に定められており，それらを確実に実行するため，以下の情報の提示・確認を行う業務である．
　　① 航空機と航空機に装備すべきものの整備状況
　　② 離陸重量，着陸重量，重心位置および重量分布
　　③ 各空港や航空路の設備などの情報
　　④ 航行に必要な気象情報（出発地・目的地・航行中など）
　　⑤ 燃料および滑油の搭載量およびその品質
　　⑥ 積載物の安全性

　上記項目のうち，④航行に必要な気象情報を確認する際，離着陸に重大な影響を及ぼす風や空港周辺の視界の良さの許容制限を定めた「最低気象条件」を下回ることがないか，確認を行う．この最低気象条件は国土交通省が各空港の離着陸のための支援設備などを考慮して設定している．各空港で出される気象情報で，最低気象条件の数値未満の気象状態が通報されると，パイロットは所定の高度までしか降下できない．その段階で滑走路などが見えなければ進入復行（ゴーアラウンド）しなければならず，運航に大きな影響を及ぼす．着陸のために設定された雲底の低さと視界の良さについての最低気象条件に従って運航することを高カテゴリー運航という．**図11-3**に概念図を示す．
　航空機が着陸のため空港に向けて降下をしている時，ある一定の高度までに滑走路などがパイロットにより目視される必要がある．その高度のことを「決心高」という．また，空港周辺の視界の良さのことを「滑走路視距離（RVR: Runway Visual Range）」という．この2つの組み合わせで，最低気象条件は構成されており，各空港の施設・設備によって，使用滑走路ごとにカテゴリーが区分されている（**表11-3**）．各航空会社は，国土交通省の定めた最低気象条件をもとに，航空機に搭載されている着陸支援装置やパイロットの資格などを考

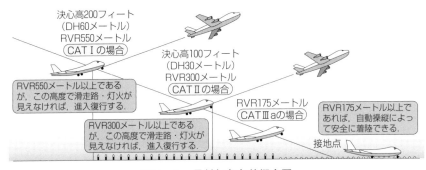

図11‐3 最低気象条件概念図

出典：国土交通省ホームページより.

表11‐3 最低気象条件（着陸時）と該当空港

	決心高	滑走路視距離	該当空港（使用滑走路の向き）
カテゴリーⅠ	200ft 以上（60m）	550m 以上	全国59空港
カテゴリーⅡ	100ft 以上 200ft 未満	300m 以上	羽田空港（34R），中部空港（18），関西空港（06L/06R/24R/24L）
カテゴリーⅢa	100ft 未満または設定なし	175m 以上	なし
カテゴリーⅢb	50ft 未満または設定なし	50m 以上175m 未満	新千歳空港（19R），釧路空港（17），青森空港（24），成田空港（16R），中部空港（36），広島空港（10），熊本空港（07）

出典：国土交通省ホームページ・航空法を参考に筆者作成.

慮し，高カテゴリー運航の実施を判断する.

　各空港で観測し報じている気象情報と，上記の最低気象条件を比較してみるとより理解が深まる．航空機の運航には，テレビなどで見る一般気象とは違い，「航空気象」という航空機の運航に特化した気象情報が使われる．一般気象と同様に気象庁から出されているが，その内容は多岐にわたる．風向・風速，視程（視界の良さ），現在天気，雲の量や高さ，気温，気圧などで構成され，METAR（定時飛行場実況気象）と TAF（運航用飛行場予報）などがある.

　例えば，着陸時刻に以下のような METAR が報じられたとする.

　①18005KT 9999 FEW020 BKN050 25/21 Q1001 A2958

　②18005KT 2000 SHRA FEW001 BKN001 25/24 Q1001 A2958

　METAR では，風（360度方向で表示，風量は KT），視程（m 表記，9999は10km 以

上の意），現在天気（SHRA：しゅう雨．天気現象がなければ，表記なし），雲（全天を8分割し，雲で覆われている割合でFEW/SCT/BKN/OVCと分類．地表または水面から，それらの雲が存在する垂直距離をft表記．020は2000ftの意），気温／露点（℃），気圧（hPa/inch）を数値やアルファベットで表記する．注目したいのは，風・視程・雲（BKN）である．使用する滑走路は風向きにより決まる．その際，視程が最低気象条件の滑走路視距離の目安となり，BKNの雲が決心高の目安となる．上記①の気象情報であれば，日本国内の空港の最低気象条件を下回ることはないが，②の気象情報であれば，雲（BKN）が決心高より低いところに存在するため，カテゴリーⅠの空港の最低気象条件を下回る．ただし，カテゴリーⅡの空港であれば，決心高をかろうじて上回るため，この時点で滑走路などが見えれば着陸に向け進入が続けられる．このように，最低気象条件は空港のカテゴリーと着陸時の気象情報，加えてパイロットが所持している資格により着陸の可否が決定される．

✈ さらに詳しく　飛行計画について

　航空会社において航空機を運航する時には，航空法97条に定められているように飛行計画を国土交通大臣に通報し，承認を受けなければならない．飛行計画に記載しなければならない内容は，航空機の国籍記号や航空機の型式，出発地・着陸地・巡航高度など，13項目にも及ぶ．その中でも，搭載する燃料の算定基準について，詳しく紹介したい．
　航空法63条と施行規則153条には，航空会社が運航する計器飛行方式の航空機には，以下の①②のうち，いずれか多い燃料を搭載するよう定めている．
　　① 着陸地までの燃料
　　　　＋着陸地から代替空港などまでの燃料
　　　　＋代替空港などの上空450ｍの高度で30分間待機できる燃料
　　　　＋不測の事態を考慮して国土交通大臣が告示で定める燃料の合計
　　② 着陸地までの航路上の地点を経由して飛行中に，エンジンが不作動または与圧を維持する機能が損なわれた場合に，着陸に適した空港などまでの燃料のうち，最も多い量
　　　　＋その空港などの上空450ｍの高度で15分間待機できる燃料の合計
　なお，代替空港とは万一，着陸地に何らかの事情で着陸できない場合に備えて想定する空港のことである．通常，着陸地の近くの空港を選定するが，気象状況や空港施設などにより，少し離れた空港や出発地へ戻ることを想定することもある．
　航空会社は安全な運航を行うため，これらの燃料を算定した上で，出発地・着陸地の気象状態に合わせ，より余裕のある燃料を搭載している．

✈ さらに詳しく　航空機の運航に影響を与える気象

　航空機の運航には，METAR・TAF だけでなく，飛行中における揺れの予想を示す天気図など，専門的な情報が多く活用されている．パイロット・ディスパッチャーなどは，この情報をもとに運航の方針決定や飛行中および離着陸の安全確保の判断を行っている．航空機の運航に影響を与える気象現象の例を挙げる．

　① 風による制限（追い風・横風）

　滑走路での風の向きとその強さによっても，離着陸は制限される．航空機は通常，向かい風の状態で離着陸をする．追い風では離着陸に必要な滑走路が長くなるため，追い風制限は航空機製造会社により定められている．また，横風では，離着陸の操縦が難しくなるため，横風最大値が制限される．横風制限は航空機製造会社が航空機の開発段階でデモンストレーションした値が示されており，航空会社はそれを参考に独自に横風制限値を設定している．

　② 視程障害を起こす天気

　空港周辺の視界が悪くなる要因には「霧」「雨」「雪」「低い雲」などがあり，前述の最低気象条件に最も影響を及ぼすものの１つと言える．

　③ 乱気流

　航空機の揺れを引き起こす乱気流は，風の方向や強さが急激に変化することによって引き起こされる．代表的な乱気流の例は，表11-4の通りである．

表11-4　代表的な乱気流の例

山岳波	風速20m/秒以上の強い風が直角に山にぶつかる時に，風下側で発生する乱気流．例えば，富士山に対し強い北西風が吹くと，風下である羽田空港の離着陸エリアで発生．
晴天乱気流	雲のような視覚的な兆候をまったく伴わずに起きる気流の乱れで，大幅に異なる速度で移動している空気の塊同士が衝突する時に起きる．
積雲・積乱雲の付近	積雲系の雲の中や上下で，激しく風向きが変わり発生する乱気流．夏場の夕立に伴う積乱雲の発達時などにみられる．

　④ 雷電

　積乱雲に伴って起こる雷光と雷鳴を合わせて雷電といい，航空機に被雷すると通信機器や操縦室内の計器などが故障する可能性がある．航空機には放電装置があり，被雷しにくいように設計されているが，活発な雷電が空港の周辺に見られる時には離着陸を見合わせたり，航路上に見られる時には可能な限り迂回する航路を選定したりする必要がある．

　⑤ 着氷

　航空機の巡航高度では外気温が−50℃ 前後となるため，大気中の過冷却水滴が航空機の機体に氷となって付着することがある．また冬季の運航で地上に降雪が見られる時，航空機に積雪・氷の付着が見られることがある．機体に着氷が起こると，航空機が飛び上がろうとする力（揚力）が低下したり，エンジン内に氷が吸い込まれることにより，エンジン部品の損傷など不具合を生じたりすることがある．航空機には，着氷がおこら

ないよう，機体各部に防氷装置・除氷装置がついているが，活発な積乱雲内などでは強い着氷に遭遇することがあり，可能な限り，回避して飛行する必要がある．

3　グランドハンドリング

グランドハンドリングとは，航空機が安全に定刻通りに離発着するために，空港内の機体に一番近い地上で行う業務のことである．航空機が着陸してから次に離陸するまでの限られた時間の中で，航空機の誘導・手荷物や貨物の搭降載・旅客の誘導・機内清掃などすべての作業を終わらせるため，安全を最優先にしながらもスピードを重視し，チームで連携して作業を行う．

（1）航空機誘導業務（マーシャリング）

着陸した航空機がスポットに自走して入る際，航空機を停止位置に安全に誘導する業務がマーシャリングである．スポット内で航空機の前に立ちオレンジ色のパドル（または赤いライト）を振ることで，航空機の進行方向・スポットへの進入速度・停止のタイミングを的確に判断し，パイロットに合図を送る．旅客搭乗橋の装着や給油作業などに影響を及ぼすため，停止位置には正確性が求められる．

（2）プッシュバック・トーイング業務

航空機は自走により後ろに進むことができない．離陸準備が整った後，航空機が滑走路に向かい自走できる場所まで専用の車両（トーイングカー）で押し出したり，空港内の格納庫などへ移動させるために航空機をけん引したりする業務が，プッシュバック・トーイング業務である．大きなもので全長70ｍを超える航空機を周囲の物に触れないよう気を配り，天候や空港の混雑具合で航空機を押し出す向きが変化する中，パイロットや管制官と連携し細心の注意を払いながらトーイングカーを運転する高い技術

図11-4　マーシャリング
写真提供：JALグループ.

が求められる．

（3）搭降載・搬送業務

　専用の車両（トーイングトレーラーやリフトローダー）を使用し，航空機に貨物や手荷物を搭降載したり，搬送したりする業務が搭降載・搬送業務である．到着した航空機から迅速に旅客の手荷物・到着貨物を取り卸し空港ターミナル内へ搬送するとともに，折り返して出発する航空機に出発旅客の手荷物・出発貨物を過不足なく搭載を行う．このすべての作業行程を，１機に１人アサインされる搭載監督者（ロードマスター）が責任者として確認・指揮を行う．航空機が安全に飛行するためには重量バランスが大切であるため，所定の位置に搭載し，確実に固定しているかを確認する重要な業務である．

（4）旅客搭乗橋業務

　空港ターミナルと航空機をつなぐ旅客搭乗橋（PBB）を，装着・離脱操作を行う業務が旅客搭乗橋業務である．機種により，PBB を装着する高さ・位置・本数が違うため，装着時は航空機を損傷しないよう慎重に操作する必要がある．また，航空機側では緊急脱出装置がドア付近に設置されているため，この装置が作動しないよう，客室乗務員と連携を取り，安全な旅客の搭乗・降機をサポートする業務である．

（5）機内清掃

　到着した旅客が降機後，次の出発に備え機内を清掃する業務である．すべての座席のごみを除去し，機内誌などの備品整理と補充を行い，快適な機内空間を創り出すため，必要不可欠な業務である．出発便の旅客が搭乗するまでの極めて短い時間内で，１チーム十数名のメンバーが連携し確実に機内準備を整えるためには，チームプレーが必要である．

　これら５つの業務以外に，給油業務・サービシング業務（飲料水搭載など）・機内用品管理業務（機内誌やイヤホン，枕・ブランケットなどの管理）などがある．

4　安全への取り組み

　各空港における旅客ハンドリング，ステーション・オペレーション，グランドハンドリングでは，航空機の安全な運航をささえることができるよう適切に管理することが求められている．航空機が地上にある時，壊滅的な事故に至るケースはごくまれであるが，車両接触による機体損傷など地上事故が発生する可能性はないとは言えない．各空港での業務は委託が進んでいるが，安全管理体制を維持するため，航空会社と安全教育や啓蒙活動，発生時の報告体制を構築・運用している．

参考文献

秋元俊二［2017］『JAL の謎とふしぎ』PHP 研究所．

池内宏［2016］『航空法──国際法と航空法令の解説──』成山堂書店．

井上泰日子［2016］『最新　航空事業論　第2版──エアライン・ビジネスの未来像──』日本評論社．

ANA 総合研究所編［2016］『エアライン　オペレーション入門　改訂版──航空を支えるプロの仕事──』ぎょうせい．

国土交通省航空局監修［2016］『Aeronautical Information Manual-JAPAN 2020年後期版』日本航空機操縦士協会．

仁科武雄［2016］『図解　パイロットに必要な航空気象』成山堂書店．

西守騎世将［2012］『世界で一番わかりやすい航空気象──今までになかった天気のはなし──（改訂版）』成山堂書店．

日本航空監修［2016］『未来をつくる仕事がここにある　航空会社図鑑』日経 BP コンサルティング．

国土交通省ホームページ〈https://www.mlit.go.jp/koku/15_bf_000402.html〉（2020年8月20日閲覧）．

日本航空ホームページ〈https://www.jal.co.jp/jp/ja/〉（2020年8月20日閲覧）．

（北村伊都子）

第12章　航空貨物輸送

1　航空貨物輸送の歴史

（1）はじめに

　航空貨物とは，航空運送の対象となる物品のうち，旅客手荷物以外のものの総称である．航空輸送と言えば，航空旅客輸送が私たちに身近で見聞の機会が多いが，航空貨物輸送はわが国の産業や国民生活を支える重要な役割を果たしている．

　航空貨物輸送にも国内と国際の区分けが存在するが，国内は，国内貨物輸送に占める航空の割合がわずか0.01％（2019年度）でしかない．物流全体への影響度が極めて少ないため，ここでは国際航空貨物輸送に内容を絞って解説を試みたい．

（2）航空貨物輸送の歴史

　まず航空貨物輸送の歴史を遡ってみよう．

　1903年にライト兄弟による初の固定翼機動力飛行が実現された8年後，1911年2月にインド北東部に位置するウッタル・プラデシュ州のアラハバードから6マイル先のナイニまで約6500通の手紙やハガキが飛行機により輸送された．これが世界史上初めての飛行機による貨物輸送とされている．それが郵便物の輸送であったことは興味深い．現在でも郵便物は航空輸送において最優先で取り扱われる貨物の1つである．

　その後，飛行機の性能は軍事的な需要と必要性に牽引され，急激な発展を遂げた．中でも，1935年に初飛行した米国ダグラス社のDC-3の航空史に残した功績は大きく，1960年まで1万機以上が製造され，旅客定期便や小口貨物輸送の拡大に大きく貢献した．DC-3の貨物搭載能力は2.7トンだった．

　1952年に初めてジェット機による定期便が就航して以降は貨物搭載量も飛躍

的に向上し，1963年の米国ボーイング社 B707F で約40トンを搭載できた．
1972年には B747-200F が就航し，その搭載能力はついに100トンを超えた．

　現在世界最大の輸送機は，アントノフ An225 ムリーヤである．旧ソ連で開
発された貨物専用機で，最大離陸重量600トン．最大搭載能力は250〜300トン
とされている．

2　航空貨物輸送の概要

（1）航空貨物輸送手段の種類

　一般的には旅客機の貨物室，または貨物輸送専用の飛行機である貨物機によ
って輸送される．通常の旅客便で旅客と共に貨物を運送するケースと，貨物輸
送専用に飛行機を飛ばすケースの2種類がある．特に後者を，前者と区別する
意味で貨物便と呼ぶ．

a　旅客便による輸送

　旅客便による貨物輸送は，一般的な旅客機のほか，胴体下部の貨物室に加え
客室の一部（通常は後部）を仕切って胴体上部にも貨物の搭載スペースを設けた
機材がある．こうした機材を貨客混載機（コンビ型）と呼ぶ．

b　貨物便による輸送

　貨物便は使用する飛行機の機材によって，さらにベリー便とフレーター便の
2種類に分けられる．

　① ベリー（belly）便

　一般の旅客機の貨物室を使用した運送方法である．ベリー便の「ベリー（bel-
ly）」はお腹の意味で，貨物室が旅客機の腹部に相当する部分にあることから
名付けられた．旅客機ではあるが旅客を乗せず貨物のみを輸送するものを指す．

　② フレーター（freighter）便

　貨物専用機（freighter）を使用した運送方法である．貨物機は旅客機の客席
を撤去して内部を貨物スペースとしているため，大型で大量の貨物を輸送でき
る．

　旅客便を運航せず，貨物便に特化した航空会社を貨物航空会社と呼び，日本
では日本貨物航空が該当する．

（2）航空貨物輸送の特色

旅客輸送と比べた場合，貨物輸送の特色として以下の3点があげられる．

a 片道輸送

旅客は一般的に往復旅行であるのに対し，貨物は通常片道輸送である．

例外的に，半製品を出荷し，製品にして返送するなどのケースはあるものの，一般的に貨物は戻ってこない．したがって，航空貨物は往路ないし復路の一方に偏る場合が多く，「片荷現象」は国際航空貨物における最大の課題と言われる．

b 運航経路の非重要性

旅客便では旅客の快適性を重視し，目的地までできるだけ短時間で，つまりは直航便が望ましく，遠回りせずに目的地に着けることが重要である．

一方貨物航空では，正確かつ所定の時間で確実に荷受人に届くことが重要であって，経路や乗り継ぎは必ずしも輸送上のマイナス要素ではない．

c 地上輸送との一体化

旅客輸送は，通常発地空港で開始され着地空港で終了する．旅客は自ら空港に行き，搭乗手続き・手荷物検査・出国手続きを経て機内に搭乗する．空港到着後も，入国手続き・手荷物引き取り・税関検査を終えて，公共交通機関や自家用車などで各自移動する．

一方貨物輸送は，荷送人から荷受人に確実に送り届ける必要があり，発地空港から着地空港まで運べば輸送が完了するわけではない．したがって，荷送人から荷受人までの全行程の管理が重要である．

（3）航空貨物輸送の大まかな流れ

実際の航空貨物の流れを見てみよう．

a 輸出時の航空輸送の流れ

① 空港近くにあるフォワーダー（forwarder）の倉庫に輸出者の貨物を運び込む．フォワーダーとは，不特定多数の荷主から荷物を集めて大口貨物に仕立て，通関等の手続きを行って航空会社に引き渡す事業者である．

② フォワーダーは必要があれば梱包などを行い，輸出申告手続きを行う．

③ フォワーダーは混載貨物を ULD（United Load Device）にビルドアップ（組み立て）し，航空会社の上屋（うわや：貨物の荷捌き，積み降ろし，保管などに使用される建物）に搬入する．

ULD とはパレットやコンテナなどの搭載用具のことをいう（図12‐1）．航空

機に貨物を積む際には，通常貨物を
ULD の形にして積み込む．貨物の
規格を統一でき，より効率的に荷役
を行うことができる．

④ 航空会社は航空機に貨物を搭載
し，航空輸送を行う．

　b　輸入時の航空輸送の流れ

① 航空機が到着すると，航空会
社は貨物を ULD のまま航空機
から取り下ろす．

図12 - 1　　ULD の１つであるコンテナを
使った貨物搭載の様子
写真提供：JAL グループ.

② ULD を空港の保税蔵置場に運び込み，ULD からブレイクダウン（貨物取
り出し）が行われる．

③ フォワーダーが輸入申告手続きを行い，税関から輸入許可が下り次第，
輸入者の指定する場所へ貨物を配送する．

3　航空貨物輸送のいろいろ

最後に航空貨物輸送に関する膨大な情報の中から，初学者向けと思われる情
報を整理しておこう．

（1）国際航空貨物量から見た空港・航空会社

旅客数から見た世界の空港・航空会社のランキングはよく目にすることがあ
るが，貨物量からのランキングが取り上げられることは少ない．初めて知る空
港や航空会社があるのではないだろうか．

　a　空港

2018年の世界の空港の貨物取扱重量上位10位は，**表12 - 1** の通りである．上
位10位の空港数は，アジア：5，米国4，中東1の構成となっており，引き続
きアジア・太平洋地域の航空貨物の興隆を裏付けるものとなっている．わが国
では，1990年代は成田空港が香港と第1・2位を競っていたが，その後空港容
量の限界（2本目の暫定滑走路運用開始は2002年）で伸び悩み，2006年にソウル・
仁川空港に抜かれて順位を下げた．その後はずっと上位10位の下位に甘んじて
いる．

表12‐1 世界の空港貨物取扱量 (2018年)

順位	空　　港	都　市	国・地域	重量 (単位：トン)	前年比 (%)
1	香港国際空港	香港	香港	5,120,811	0.1
2	メンフィス国際空港	メンフィス	米国	4,470,196	0.3
3	上海浦東国際空港	上海	中国	3,768,573	△0.1
4	仁川国際空港	ソウル	韓国	2,952,123	0.1
5	テッド・スティーブンス・アンカレッジ国際空港	アンカレッジ	米国	2,806,743	0.3
6	ドバイ国際空港	ドバイ	U.A.E.	2,641,383	△0.1
7	ルイビル国際空港	ルイビル	米国	2,623,019	0.1
8	台湾桃園国際空港	台北	台湾	2,322,823	0.2
9	成田国際空港	成田	日本	2,261,008	△0.3
10	ロサンゼルス国際空港	ロサンゼルス	米国	2,209,850	0.2

出典：国際空港評議会 (ACI-Airports Council International).

表12‐2 国際貨物輸送量における航空会社順位推移 (t・km 部門)

順位	1995年	2005年	2015年
1	ルフトハンザ・ドイツ航空	大韓航空	エミレーツ航空
2	エールフランス	ルフトハンザ・ドイツ航空	キャセイパシフィック航空
3	大韓航空	シンガポール航空	大韓航空
4	シンガポール航空	キャセイパシフィック航空	カタール航空
5	KLM オランダ航空	チャイナエアライン	フェデックス・エクスプレス
6	JAL	フェデックス・エクスプレス	ルフトハンザ・ドイツ航空
7	ブリティッシュ・エアウェイズ	エールフランス	カーゴルックス航空
8	キャセイパシフィック航空	エバー航空	シンガポール航空
9	フェデックス・エクスプレス	カーゴルックス航空	ユナイテッド・パーセル・サービス
10	ノースウエスト航空	ブリティッシュ・エアウェイズ	チャイナエアライン
	13：日本貨物航空	12：JAL	21：ANA
	28：ANA	21：日本貨物航空	23：日本貨物航空

出典：IATA, World Air Transport Statistics.

b　航空会社

　国際貨物輸送量における航空会社の推移を10年ごと (1995年，2005年，2015年) に検討する (表12‐2). 1995年の第1・2位は欧州の航空会社であったが，2005年にはアジアの航空会社が第1位 (大韓航空) となり，また，台湾の航空会社2社 (チャイナエアライン，エバー航空) が上位10位に入った. 上位10位に入ったわが国の航空会社はどこもなく，1995年には5位だったJALが12位に下落し，アジア内での主役交代の感を深めている. 2015年 (括弧内は2005年) の上位10位の航空会社は，アジア：4 (5)，欧州：2 (4)，米国：2 (1)，中

東：2（0）の構成である．地域間の変動が大きい．特に中東は潤沢な石油マネーを背景に積極的な路線網拡大を続けるエミレーツ航空の躍進が目立つ．2006年に初めて第10位に登場したが，2015年には第1位であり，同じく中東のカタール航空と合わせ，上位10位内に2社登場しているのは特筆に値する．

（2）日本発着の国際航空貨物

日本発着の国際航空貨物の品目は大きく3つに分類される．

　①非常に精密な製品で，取り扱いに注意を要する製品：　半導体製造装置が代表品目である．

　②高付加価値で高価な製品：　コンピューターや映像機器に代表される電子製品と電子部品など．

　③スピードを要するもの：　生鮮食品，魚，花，野菜など鮮度を要るものにするもの．ひよこ，馬，牛などの生きた動物．流行に敏感なブランド品など．

　これら①〜③は，高い運賃を負担してもビジネスになる品目である．ただし，現実に輸送量が多いのは一般貨物の範疇にあるものであり，海上貨物（コンテナ輸送）と競合する．この分野では好景気の時には航空輸送が多く利用され，不景気になると海上輸送に戻る．電化製品の輸送には現在でも，新製品発売当初は航空輸送が利用され，製品が市場で成熟するにしたがい海上輸送に移っていく現象も見られる．

　日本関税協会『外国貿易概況』の「航空貨物主要商品別輸出入額の推移」を見ると，2015年に航空化率（貿易全体に占める航空貨物の割合）が高い商品の上位5品目は輸出入ごとに以下の通りである．

　　＊輸出　①「非金属鉱物製品」の「真珠」96.9%

　　　　　　②「機械機器」の「半導体等電子製品」90.0%

　　　　　　③「機械機器」の「時計」80.1%

　　　　　　④「化学製品」の「医薬類」74.3%

　　　　　　⑤「機械機器」の「映像機器」62.7%

　　＊輸入　①「その他」の「ダイヤモンド」99.9%

　　　　　　②「原料及び燃料」の「工業用ダイヤモンド」97.4%

　　　　　　③「その他」の「貴石及び半貴石」97.3%

　　　　　　④「機械機器」の「航空機用内燃機関」96.0%

　　　　　　⑤「食料品」の「生きた動物」92.0%

（3）フォワーダーとインテグレーター

　航空自由化を契機に，いわゆるインテグレーター（integrator）の躍進が著しい．ここでは，キャリア（carrier）とフォワーダー（forwarder）とインテグレーターの区別を明確にしておく．

　キャリアは，通常航空会社と呼ばれ，航空機を保有して空港間の運送を行う．日本では，JAL，ANA，日本貨物航空などがある．

　フォワーダーは2（3）aの通り．

　インテグレーターは，米国における輸送モードの規制緩和に伴って出現した自ら航空機を保有し，運航するフォワーダーである．個人向け小口急送貨物を主領域に，ドアツードアのサービスを提供する．大規模な設備投資が必要で，莫大な輸送量がなければ自社インフラを維持することができないため，日本にはまだ存在していない．

　世界3大インテグレーターとして，米国のフェデックス（FedEx Corporation）とUPS（United Parcel Service, Inc.），ドイツのDHL（Deutsche Post DHL）がある．

　中でも世界最大の物流会社であるフェデックスは，2014年に同社の北太平洋地区のハブと位置付ける物流拠点を関西国際空港に開設した．7機分の駐機場と1時間当たり約9000個の貨物の仕分けが可能な設備を備え，アジア＝米国，アジア＝欧州のアクセス性を高める拠点として機能している．

（4）航空貨物輸送に係わる安全対策

　貨物部門として，航空機の安全運航に資する一番の安全対策は，「危険なモノ」を運ばないことである．「危険なモノ」とは？　航空機の安全運航を脅かしたり，航空機・空港施設等に危険を及ぼす恐れのあるものや，乗客，乗務員，空港で働く社員などの健康に害を与える恐れのあるものとして，航空法関連法規により規定されている．「危険物」と呼ばれ，私たちに身近なものとしては，火薬類（花火，クラッカーなど），引火性液体（オイルライター，ペイント類など），高圧ガス（カセットコンロ用ガス，スプレー缶など），毒物類（殺虫剤，農薬など）がある．航空機への搭載が禁止されているものを除き，危険物であっても，法規に基づき，定められた量以下のものを定められた容器に収納するなどすれば航空輸送が可能となる．その場合，乗客の責任において，法規で定められた包装要件に従い包装してもらうのであるが，それを確認し安全に運送する責任は貨物部門にあり，危険物輸送に関する高い安全意識が欠かせない．

参考文献

ANA 総合研究所編著［2017］『航空産業入門（第 2 版）』東洋経済新報社.

国土交通省航空局［2020］『数字で見る航空2020』航空振興財団.

モレル，ピーター S.［2016］『国際航空貨物輸送』成山堂書店.

日本貨物航空株式会社ホームページ〈https://www.nca.aero/main.html〉（2020年 9 月30日閲覧）.

日本航空株式会社ホームページ〈https://www.jal.co.jp/jalcargo/support/danger/〉（2020年 9 月30日閲覧）.

（中 村 真 典）

第13章　客室におけるサービス

　航空会社の商業活動は多岐に渡るが，一般的な利用者が抱く航空会社のイメージは，空港か機内のサービスによるものであろう．空港が複数の航空会社で構成される"共有空間"であるのに対して，機内はその航空会社だけのものであり，会社の特徴をより強く出せる空間と言える．そのため，各社とも食事，インテリア，エンターテイメントシステムなどに工夫を凝らし，上質なヒューマンサービスを実現することで，他社との差別化を図ろうとしている．この章では，航空会社にとって差別化の生命線とも言える客室サービスがどのように作られているかについて述べていく．

1　客室乗務員の等級と編成

　旅客が搭乗する航空機の場合，よほどの小型機でない限り，通常客室乗務員が乗務しており，「安全業務」と「サービス業務」の2つに従事している．客室乗務員は社内の役職である「等級」と航空機の機種別に与えられる「乗務資格」を有しており，フライトごとに，編成に応じた等級と乗務資格を有する客室乗務員が集められ，乗務にあたる．

（1）等　　級
　等級とは，客室乗務員の役職のことであり，担当する仕事とリンクしている．
　各航空会社によって呼び名や業務内容は異なるが，大別すると，①客室の責任者，②各クラスの責任者，③サービス担当者の3つに分けられる．上位職は下位職を代行できるが，その逆は不可となっている．JALを例にとれば，上位職から順に，①客室全体の責任者として先任業務を行うチーフキャビンアテンダント（CH），②国際線のクラス責任者と国内線小型機先任業務を取ることができるリードキャビンアテンダント（LC），③サービスの担当者であるキャビンアテンダント（AT）の3段階になっており，③→②→①の順に選

抜されて昇格していく.

（2）編　　成

　編成とは，国際線・国内線の別，航空機の種類，クラス構成，座席数，路線特性などによって決まる，1フライト当たりの客室乗務員の数のことである.

　編成は，「安全上の必要数」と「サービス上の必要数」という2つの側面から決められる.安全上の必要数とは，OM（Operations Manual）で定められる航空機ごとの最小客室乗務員数のことであり，緊急事態発生時に「旅客を一定の時間内で速やかに脱出させる」のに必要な客室乗務員数である.それに対し，サービス上の必要数とは，クラス構成，座席数，路線特性から考慮された「旅客に上質なサービスを提供する」にあたって必要な客室乗務員数のことである.

　安全上の必要数は航空会社間で差がないのに対して，サービス上の必要数は航空会社の考え方の違いが大きく表れるのが一般的である.

2　機内サービス

（1）機　内　食
a　日本の機内食の歴史

　日本の戦後初の機内食は1951年のJALの国内線第一便（羽田―伊丹―福岡線）に搭載された手作りのサンドイッチと紅茶であった.1990年代までは国内線普通席での食事・茶菓サービスも行われていたが，現在では飲み物のみの提供が主流であり，普通席での無料の食事・茶菓サービスは一部のエアラインを除いて提供されていない.

　国際線では1954年に就航したJALの東京―ホノルル―サンフランシスコ線に搭載されたボックスタイプの食事が日本における機内食の始まりである.その東京発のメニューはシュリンプカクテル，ローストビーフやハムのサンドイッチ，チーズ，フルーツ，ケーキなどであった.

b　機内サービスにおける機内食の位置づけ

　機内食は乗客にとって機内サービスのメインイベントともいえるもので，エアライン各社にとっては他社との差別化をはかる重要なサービスコンテンツである.なお，エアラインが機内食を旅客に提供することをミールサービスという.

フルサービスキャリア (FSC) である大手航空会社は，一般的なメニューの他に，素材を厳選し路線の特性を生かして各国の食文化・郷土料理を紹介するメニュー，世界中の一流レストラン・ホテルの有名シェフとのコラボレーションメニュー，著名料理研究家の監修メニュー，フードサービス企業とのコラボレーションメニューなど，美味しさだけでなく話題性・プレミアム感に訴求する機内食の提供にも努めている．特に和食については，日本に就航する外資系エアラインも著名な日本料理店・料理人監修のメニューを搭載するなど各社が力を注いでいる．なお，国際線のファーストクラス・ビジネスクラスなど上位クラスではメニューの多様化や食通志向性が進んでおり，乗客が食事をしたい時にアラカルトで好きなものをオーダーできるオンデマンド式サービスの提供が主流となりつつある．なお，旅客が希望する食事メニューを確実に提供するために上位クラスではメニューの事前予約を受け付けるエアラインも増加している．

また，FSC では食事だけでなく飲み物の品揃えにも力を入れており，特にワインの選定は各社の機内食の評価にも大きな影響を与えている．また，日系エアラインでは日本酒や焼酎など日本らしさを象徴する酒類にも定評がある．その他，ソフトドリンク類でも人気や話題性のあるアイテムを調達・搭載する努力を続けている．

通常，国際線の機内食は搭乗する路線（飛行時間の長さによる区分：長距離・中距離・短距離）と搭乗クラス，出発・到着の時間帯などの条件によって，メニューやサービス方法が設定されている．主に長距離線では2食（朝食・昼食・夕食などを組み合わせる．10時間を超えるような長大路線ではさらに間食あり），中距離線では1.5食（昼食・夕食＋軽食，軽食＋朝食など），短距離線で1食が提供される場合が多い．

なお，FSC では基本的に機内食を無料提供しているが，低コスト・低運賃の格安航空会社（LCC：ローコストキャリア）では有料で販売しているエアラインがほとんどである．

国内線においては，大手エアラインでは上位クラスにおいて機内食を提供しているが，地元の有名レストランや料亭との提携メニューなど趣向を凝らしている．普通席での食事の有料販売を実施しているエアラインもある．

c　機内食メニューの選定

機内食サービスのコンセプトや提供方法など重要な部分は，各エアラインの

サービス商品企画部門が担当する．食材の調達や実際の調製・搭載作業，食品衛生管理，機内での提供作業に支障がないかなどを確認しながら，関係者の間で数カ月かけて企画会議や試食（Meal Presentation）を繰り返し，メニューを決めていく．メニューを決める主な要素は，① 旅客の要望，② 商品競争力（話題性を含む），③ コスト，④ 作業性・再現性，⑤ 食材の調達状況である．ケータリング会社や監修シェフは，エアライン各社が設定するコンセプトに基づいてメニューを提案し，エアラインが決定する．JAL の場合では，メニューは基本的に 3 カ月ごと（路線によっては半月からひと月ごと，国内線では10日毎）に変更される．

d　機内という特殊環境への対応

航空業界におけるケータリング（Catering）とは，機内食（In-flight Meal）の製造・調製・配送・機内搭載・取り卸しなどの全般を意味する．エアラインが機内食を自社で直接調製することはまれであり，エアライン系列のケータリング会社や国内外の空港周辺のレストラン・ホテルなどに業務委託している場合が多い．航空機内という特殊環境の中で安全・安心な機内食サービスを提供できるように，ケータリング会社においては調理調製の段階から安全管理と徹底した衛生管理がなされている．空港近辺にあるケータリング会社のキッチン（調製工場）内では，① 食材の納品，② 冷蔵庫での保管，③ 調理器具・レーンを完全に分離しての調理・調製，④ 調製後の急速冷蔵保管，⑤ 食器への盛り付けまでがそれぞれ独立した作業で行われる．また，異物探知器などを用いて異物混入の有無の検査も行われる．その後，ミールカートにセットした状態で再度冷蔵保管される．上記③以降の工程は便出発の前日に行われる．出発当日にミールカートは保冷機能のあるハイリフトローダー（フードローダー）に積み込まれ，出発の約 1 時間前までに機内に搭載される．特に長距離国際線では，2 食目のサービスが離陸後10時間以上経過するなど，ケータリング会社内での調理調製から機内での提供までの時間が非常に長くなる場合があるため，機内においても徹底した保冷管理が求められる．メインディッシュについては食中毒予防の観点からケータリング会社で内部までしっかりと火を通した後に急速冷蔵にて保管され，機内で客室乗務員がオーブンで再度加熱して旅客に提供される（ただし，牛肉は機内オーブンでの再加熱で最適な火の通り具合になるようにケータリング会社では表面に焼き色を付ける程度にとどめている）．

また，特にエコノミークラスでは，機内食の搭載・保管スペースに制約があ

る．乗客 1 人分のミールトレーの中に各品目を効率的に配置できるように食器の種類は限られ，形状も工夫されている．また，機内の厨房（Galley）における機内食の搭載保管スペースを極小化できるよう，ミールトレーは 1 台のミールカートの中に14段（JAL の例では，トレイサイズによりミールカート 1 台に28人分〜36人分）で収納される．1 段の高さは約 5 cm である．そのため，各容器（キャセロールや保護カバー，カップなど）が載ったトレーがスムーズに出し入れできるように料理の盛り付け方やカトラリーセット（ナイフ・フォーク・スプーンなど）の搭載方法も工夫されている．また，ファーストクラスやビジネスクラスではメニューに立体感や彩りを演出するため，客室乗務員による機内での盛り付けを行うなど趣向を凝らしている．

なお，機内の湿度は20％以下と非常に乾燥しているため，ソース系料理や麺類など喉越しのよいメニューが好まれる傾向にある．また，機内の気圧は0.8気圧程度と低く，このような環境下では塩気と甘みを感じにくいことから，比較的濃い味つけで調製されているメニューが多い．なお，気圧が低いと湯の沸点が低くなることから，例えば JAL では，機内でも美味しく炊ける炊飯器の独自開発を行って機内で炊き立てのご飯の提供や，80℃ 程度でも麺がほぐれやすい特別な製法で作られたカップ麺のサービスなどの工夫をしている．

e　運航乗務員と客室乗務員の食事

運航乗務員や客室乗務員も旅客同様に機内で食事をとるが，運航乗務員の食事は，万が一の食中毒発生による運航不能リスクを回避するために必ず別々のメニュー（調理器具も別々）を選ぶことになっている．客室乗務員の食事は，乗客がメインディッシュ（アントレともいう）を選べるメニューの際に旅客の選択希望の偏りを調整できるよう，それぞれの担当クラスの乗客の食事と同じものを準備することが多い．

✈ **さらに詳しく　特別食について**

通常の食事メニューの他に特別食のオーダーが可能である．事前予約（エアラインや特別食の内容によって受付期限が異なり，通常，便出発の 1 〜 4 日前まで）により事前準備が必要なことから，搭乗直前や機内でのオーダーはできない．主な特別食として，概ね以下のような種類を用意している．
・野菜食：ベジタリアンミール，ストリクトベジタリアンミール，オリエンタルベジタリアンミール，ビーガンミールなど
・宗教上の理由による特別食：ヒンズー教ミール，イスラム教（モスレム）ミール，ユ

　ダヤ教（コーシャー）ミールなど
・健康・医療上の理由による特別食：糖尿病ミール，低脂肪ミール／低コレステロール
　ミール，低カロリーミール，低塩分ミール，ブランド（消化のよい）ミール，低乳糖
　ミール，アレルギー対応食，シーフードミールなど
・サービス上の理由による特別食：ベビーフード（離乳食），ベビーミール，チャイル
　ドミールなど

（2）機内設備

a　概要

　航空機はボーイング社やエアバス社といった限られた航空機メーカーから購
入するため，航空会社は航空機自体で差別化を図ることは難しい．しかしなが
ら，音楽・ビデオなどのエンターテイメントシステムやシートは，航空会社が
それぞれの会社と個別に契約・購入して取り付けることができるため，航空会
社の特長が大きく出る．

b　オーディオとエンターテイメントシステム

　次項cに述べるシートと共に，ここ20年間で大きく進化した領域であり，利
用者の印象を大きく左右する部分でもある．そのため，航空会社が差別化を図
るために苦心する部分だと言える．航空機自体は整備を重ね，通常20年以上使
用するが，エンターテイメントシステムは進歩が速いため，競争力を維持する
ためにも途中で改修することもある．

　この20年で大画面化，多チャンネル化，VOD（Video on Demand）化，多機
能化（多言語対応）が大きく進んでいる．この分野で評価の高いエミレーツ航空
は，路線によっては映画，ビデオ，ゲーム等のコンテンツが4500チャンネル以
上ある（エミレーツ航空ホームページ）．大画面化と多チャンネル化の結果，操作
が容易なタッチパネル式のものが主流になった．また，有料ではあるものの，
機内 Wi-Fi に対応している会社が増えており，「自分の好みのデバイスを機内
に持ち込んで楽しむ」という新しいスタイルも生まれつつある．同時に，各シ
ートに PC 用電源が用意されることが多くなっている．

c　シート

　近年ビジネスクラスシートの快適性は大きく向上している．長距離路線では
フルフラット化が進み，ひと昔前のファーストクラスシート並のものも出てき
ている．その結果，ファーストクラスは存在意義が見直されており，長距離路
線でもファーストクラスの設定がない路線も増えている．そのファーストクラ

ファーストクラスシート
(JAL SUITE)

ビジネスクラスシート
(JAL SKY SUITE)

ビジネスクラスシート
(JAL SKY SUITE Ⅲ)

プレミアムエコノミークラスシート
(JAL SKY PREMIUM)

図13-1　国際線のシート

写真提供：JAL グループ.

スでは個室化が進んでいる．座席ごとにパーテーションとドアで仕切ることで，他の乗客が一切視界に入らないプライベートな空間を創り出している．一方ビジネスクラスの高級化に伴い，開きすぎたエコノミークラスとのサービス差を埋めるべくプレミアムエコノミーを導入する航空会社が増えており，専用のシートを設けている場合もある．コスト面で改善余地が少ないエコノミークラスシートであるが，背もたれの形状や材質を工夫し快適性を向上させている．中には，エコノミークラスとしては思い切ったシートピッチを導入したJAL SKY WIDER，シートの新しい使い方とも言える ANA COUCHii なども導入されており，今後 LCC との差別化が進んでいくものと思われる．

シートもエンターテイメントシステムと同様に航空機とは別に契約・購入され，競争力維持のために途中で更新されるのが普通である．その選定は，収益と直結するため慎重にならざるを得ない．フルフラットや専有面積の大きいものを選べば旅客の評判は高まるが，一機当たりの設置数が減少するため，運賃も高くならざるを得ず，多客時においては予約が取れないというクレーム要因にもなる．また，シートレイアウトはサービス導線（サービスのやり方，しやすさ）に直接的に影響するため，シートの選択は座席を売る営業部門，維持管理を行う整備部門だけでなく，サービスを担う客室部門も関与し，全社的に進められていくのが一般的である．

（3）インフライトセールス

a　概要

機内販売は，航空会社にとって重要な収入源である．これは機内サービスを極力省略する LCC も機内販売を行っていることからもわかる．

機内販売品は，通常，フライトタイムと搭載スペースによって，商品構成と搭載数が決められる．JAL の場合，長距離路線で約120品目，短距離路線は70品目程度が搭載されている．

b　商品選択

機内の搭載スペースは限られるため，商品の選択はとても重要である．客室乗務員を販売要員としてだけでなく，ファッションやショッピングに通じた乗務員を商品の開発・企画要員として積極的に参加させている航空会社もある．

JAL の場合，新商品の入れ替えは，基本的に 3 カ月に一度実施される．多様な企業とコラボレーションを行うことで，機内でしか購入できないオリジナル商品の開発に力を入れている．

（4）ヒューマンサービス

a　客室乗務員によるヒューマンサービス

他のホスピタリティ産業と同様，客室サービスにもハードウェア，ソフトウェア，ヒューマンウェアが存在する．ハードウェア（機材・座席設備），ソフトウェア（機内販売・機内エンターテインメント・機内 Wi-Fi など）は日進月歩で技術革新が進み，その競争は各社でマッチングしやすい一方，育成に時間と労力を要するヒューマンウェア（機内サービスを提供する客室乗務員の質）は機内サービス

の良し悪しに影響し，顧客満足度を決定づける大きな要因となる．日本では一般的に客室乗務員に「高い語学力，対人コミュニケーション能力，的確な判断力・実行力」などが求められるため，各社ともそれに見合った人材の採用に注力し，かつ戦略的に訓練を実施してきた経緯がある．

　国際線は主にナショナル・フラッグ・キャリアを中心に発達してきたが，ヒューマンサービスにはその国の文化的な特徴が表れている．日系エアラインのサービスには日本の伝統的な「おもてなし」が期待されており，その根幹をなす「気配り」と「察し」は客室乗務員に求められる重要なスキルである．また，上位クラスでは一人ひとりの旅客に応じた「個のサービス」にしのぎを削っている一方，エコノミークラスでは同一クラス内のサービスの個別対応は難しい面もあり，少ないタッチポイントの中でいかに良い印象を残せるかが鍵である．これらは顧客満足度や再利用意向などに大きな影響を与えることから，各社とも顧客満足度向上に向けて各種施策を講じている．

b　訓練と人材育成

　各エアラインとも入社後の社員教育の後，安全・サービスに関する初期訓練（専門訓練）と OJT（On-the-Job Training）を実施する．その上で，社内審査を経て客室乗務員として発令している．発令後，客室乗務員は乗務資格維持のために年1回リカレント訓練を受けることが義務づけられている．また，客室乗務

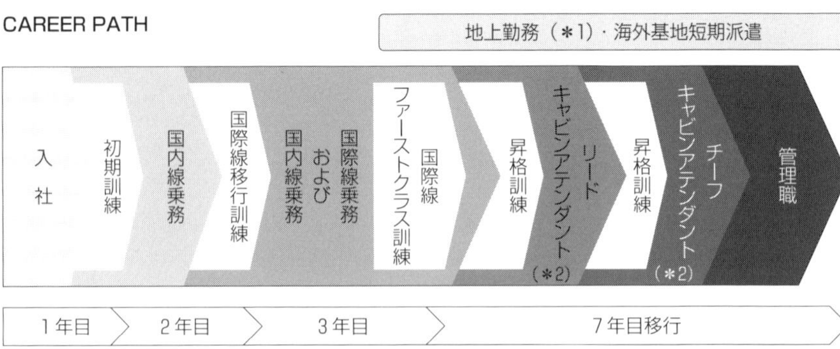

CAREER PATH

図13-2　JAL の訓練体系

注：＊1：能力・適性に応じて，客室乗務員としての視点を生かした地上勤務（訓練インストラクター，サービス企画，広報・宣伝・採用など）を担当することがある．
　　＊2：チーフキャビンアテンダントとは，客室全体の責任者として先任業務を遂行する乗務員である．
　　　　リードキャビンアテンダントとは，国際線クラスインチャージ業務（クラス責任者），もしくは国内線小型機先任業務を遂行する乗務員である．
出典：JAL グループ．

目の人材育成体系に基づいてキャリアパスを構築するため，適材適所の観点から必要な時期に職域を広げる訓練（国際線移行訓練，ファーストクラス訓練，上位職への昇格訓練など）を受けることになる．訓練の大きな構成要素は，日数の違いなどを除けば，会社による違いはあまりない．

これらすべての訓練は社内の一貫した人材育成体系に則り構築されているが，その根底にあるのは各社のいわゆる「企業理念」，あるいは「行動規範」などにより各社がその職種に求める人材像である．JALではその根幹として「JALフィロソフィ」がある．これは客室乗務員だけでなく「全社員がもつべき意識・価値観・考え方」とされている．JALの客室乗務員の人財育成（JALでは人材ではなく人財と表現する）の方針は，客室部門が策定した「JAL Dream Triangle」に良く表れている．まず，全社員共通の意識であるJALフィロソフィをベースに，社員として大切な「心」の教育を行う．その上で，客室乗務員に求められる専門的な「知識と技量」を身につけさせることによってサービスの基本品質を担保する．さらに，他社との差別化を図り，JALが目指すホスピタリティあふれる機内サービスを提供するために，「旅客のニーズを的確に感知する力」・「気持ちを行動に移し，人間味のある温かさを体現できる力」を身につけることを目指している．

このような人材育成体系の構成は「ホスピタリティ」を標榜する企業に多く見られる構成であると言える．

その他，自己啓発のための学習支援や，各種教育や研修の設定，間接部門での商品企画・乗務員サポート・訓練教官業務などの実務経験を積ませることでキャリア形成を支援する体制を積極的に整えるなど，各社が人材育成に力を入れている．

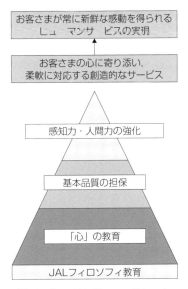

図13-3　JAL Dream Triangle
出典：JALグループ．

3　安 全 業 務

ここでは，保安要員としての「安全業務」を見ていく．安全に関する業務は
サービスとは言えないが，お客さまの命を守ることは航空会社の使命であり，
サービスの基盤である．また，そのことによってもたらされる「安心感」は，
航空会社の大切な「商品」と言えるだろう．

　客室乗務員の対応が必要な事態には航行中の揺れ（タービュランス），客室内
の煙や火災，減圧，緊急脱出，急病人の発生，粗暴旅客の行動，液体（燃料等）
の漏れ出し，雪氷の翼への付着などがある．事故のきっかけとなる事象が客室
において発生する事例は多くはないが，客室乗務員は客室の安全を確保するた
めに，通常と異なる状況に敏感に気づき，適切に対処して，旅客を支援するこ
とが求められる．客室乗務員の適切な対処力を維持，向上させるために，緊急
事態に対する初期，定期訓練だけでなく，運航乗務員との連携を図るCRM訓
練や日常安全業務に関するSPDSを実施している．

　客室乗務員の安全業務は，事故やインシデントを未然に防ぐ「日常安全業
務」と，発生した緊急事態に対する対応である「緊急対策」に分かれる．

（1）日常安全業務
a　安全確認業務

　客室乗務員の日常安全業務の主たるものは，「安全確認業務」である．安全
確認業務とは，事故やインシデントが発生しないように，異常な音や匂いに注
意を払いながら，法令等で定められた事項が守られているか機内状況を確認す
る業務のことである．旅客への手荷物収納やシートベルト着用の指示もこの業
務の一環として行っている．これらの安全確認業務はマニュアルに明記されて
おり，プリフライトチェック，セキュリティチェック，ドアクローズ時の手荷
物の収納状況の確認，セーフティインストラクションの実施，離着陸時の安全
確認，ベルトサイン点灯時の安全確認，航行中の安全確保業務，などである．

b　安全阻害行為等

　刑法や航空法，航空機の強取等の処罰に関する法律（通称ハイジャック防止法）
等，以前からある各種法令に加え，2004年の航空法改正により，機内における
安全阻害行為等（いわゆる機内迷惑行為）が禁止され，機長に一定の条件下で

「禁止命令」を出す権限を与えるとともに，禁止命令に従わない場合，50万円以下の罰金が科せられることがあるとされた．具体的には，航空法施行規則により，以下の8つの行為を機長が禁止命令を出すことができる行為として定めている．

1. 化粧室で喫煙すること（電子たばこ・加熱式たばこ等の火を使用しない喫煙器具も含む）
2. 電子機器が電波を発する状態にあること（ドア開放時ならびに着陸滑走終了後は除く）
3. 乗務員の職務を妨げること
4. 指示に従わず座席ベルトを装着しないこと
5. 離着陸時に座席の背，テーブルなどを所定の位置に戻さないこと
6. 手荷物を脱出の妨げとなる場所に放置すること
7. 非常用機器をみだりに使用すること
8. 乗降口の扉などをみだりに操作すること

　実際の運用では，客室乗務員は複数回にわたって行為を止めるよう旅客に伝え，それでも行為を止めない場合に機長に報告する．機長は禁止命令を出すかどうか判断することになるが，機長が客室に出てくることはできないため，客室乗務員が機長の指示を受け「禁止命令」を出すことになる．それでも止めない場合や他の旅客に危害が及びそうな場合には，拘束する場合もあり得る．

（2）緊急対策

a　緊急脱出

　客室乗務員の救難訓練の風景はマスコミ等で取り上げられることも多く，知っている人も多いだろう．この救難訓練は，最初に受ける「初期訓練」と，資格を維持するために毎年受ける「リカレント訓練」とで構成されており，これが機材ごとに実施される．多くの場合モックアップ（実物大模型）で行われ，レベル確認のために必ず審査（テスト）が行わ

図13-4　救難訓練風景
写真提供：JAL グループ.

れる．具体的には緊急着陸（水），火災，急減圧，ハイジャック等への対応であり，知識と実技の両方が求められ，審査に通ることで乗務資格が付与される．これらの内容は過去の航空機事故を基に作られており，法規に基づいているため，各航空会社ともほぼ同じ要件を網羅している．

　ｂ　急病人対応

　客室乗務員は専門的な医療教育を受けてないため医療従事者ではないが，急病人に対する対応訓練を受け，迅速かつ的確な応急処置ができるようになっている．これにより旅客に安心感を与え，少しでも良い状態で医療関係者に引き継ぐことが可能となる．

　突発的な急病人に対応するために，機内には薬を収めたメディスンキット，医療従事者が使用する機器を収めたドクターズキット，異物を除去し，気道を確保するための気管内挿管セットや電子血圧計，パルスオキシメーターを含むレサシテーションキット，電気ショックをかけることにより心室細動を取り除くAEDが搭載されている．すべての客室乗務員はファーストエイドの一環として各キットの使用方法や急病人発生時の初期対応を毎年確認することになっている．

　航行中，医療従事者の専門的な処置等が必要になった場合には「ドクターコール」を行い，医師や看護師の協力を仰ぐことになる．一方で，少し古いデータであるが医療従事者側の調査として，ドクターコールされた場合「申し出る」と回答した医師は約42％，「その時にならないとわからない」が約49％という結果が残っている［大塚 2004］．国内の法整備に課題は残るものの，協力してくれる医療関係者を少しでも増やす取り組みとして，従来から協力者を賠償責任保障によって保護しているのに加え，2016年より公益社団法人日本医師会との協力により「JAL DOCTOR 登録制度」[5]「ANA DOCTOR ON BOARD」を開始し，安全安心な空の旅を目指している．

■注

1）安全で円滑な運航を実施するための基準を設定したもので，航空運送事業を営む者は航空法に基づいてこの運航規程を設定して運輸大臣の許可を得ることになっている．

2）IATA *SaftyReport2019 56th Edition* によれば，2017-2019の緊急脱出は56件，うち9件が死亡事故である．

3）Crew Resource Management 訓練．航空分野で開発された概念で，安全な運航のために利用可能な全てのリソース（人的資源や情報など）を有効活用するという考え方．

現在は，航空界だけでなく，ヒューマンエラーが安全に大きく関わる医療，海運，原子力発電などの分野にも考え方が広がっている．

4）Safety Performance Development System．一人ひとりの日常安全業務の知識・技量について自己診断および機内での定着状況を把握し，抽出された課題を日々の指導育成により改善することで，不安全事象の低減を図り，安全の層を厚くする制度のこと．

5）JAL のマイレージ会員で医師資格保有者に事前登録をしてもらうことで，急病人発生時に客室乗務員が医師とすばやくコンタクトできる仕組み．

参考文献

1（客室乗務員の等級と編成）・2（2）（機内設備）・2（3）（インフライトセールス）・3（安全業務）

IATA［2020］*Safty Report 2019 56th Edition*, IATA.

ANA 総合研究所編著［2008年］『航空産業入門』東洋経済新報社.

ANA 総合研究所編集［2010年］『エアラインオペレーション入門』ぎょうせい.

エミレーツ航空ホームページ〈https://www.emirates.com/jp/japanese/〉

大塚裕司［2004］「航空機内での救急医療援助に関する医師の意識調査」『宇宙航空環境医学』（41），pp. 57-78.

ANA ホームページ〈https://www.ana.co.jp/〉

JAL ホームページ〈https://www.jal.co.jp/jp/ja/〉

2（1）（機内食）・2（4）（ヒューマンサービス）

エアライン［2015］『航空旅行 Vol. 14』9 月号別冊，イカロス出版社.

エアライン［2019］『航空旅行 Vol. 28』3 月号別冊，イカロス出版社.

やまかづ［2011］『空飛ぶビーフ　はばたくチキン』文芸社.

アメリカン航空〈https://www.americanairlines.jp/〉

ANA 株式会社〈http://www.ana.co.jp/〉

エミレーツ航空〈https://www.emirates.com/jp/〉

カタール航空〈https://www.qatarairways.com/ja〉

キャセイパシフィック航空〈https://www.cathaypacific.com/cx/ja_JP.html〉

JAL 株式会社〈https://www.jal.co.jp/〉

シンガポール航空　機内食〈http://www.singaporeair.com/ja_JP/jp/flying-withus/dining/〉

ソラシドエア〈https://www.solaseedair.jp/〉

ルフトハンザドイツ航空〈https://www.lufthansa.com/jp〉

ロイヤルホールディングス株式会社　機内食事業〈http://www.royal-holdings.co.jp/co/business/catering/〉

（1・2（2）（3）・3：小川祐一，2（1）（4）：志村良浩）

Column 2 :
ハラル機内食作成の大変さ

　マレーシア，インドネシアからの訪日外国人が急激に増加したここ数年，宿泊業や飲食業にとってはどのようにしてムスリム（イスラム教徒）のお客様に食事を楽しんでもらうか大きな課題であった．

　アルコールの入ったお醤油は使用できない，当然豚肉を使用した料理は提供できない，ハラル認証をどのように取得するのか等，現場での疑問に観光庁をはじめ多くの機関で啓蒙活動が行われている．

　航空会社でもムスリムのお客様に機内で提供する飲み物・食べ物に関しては細心の注意を払っている．日本，タイ，ベトナムなどムスリムが少ない国から搭載する機内食は通常ハラム食（ムスリムが禁止されている食材を使用した食事）を搭載している中，一部とはいえハラル食（ムスリムが許されている食材を適切に調理・搭載した食事）を提供する事は，食材の調達・保管・調理・機内への搭載に大変手間がかかっている．

　タイ バンコクにある LSG Sky Chefs 社を例にお話ししたい．食材はハラル認証を受けた食材を入手し，専用の冷凍・冷蔵庫に保管する．再利用される食器等も，洗浄はアルコール成分のない洗剤を使用し，ハラム用食器とは一切混在しないよう専用の大型洗浄機を用意している．調理場もすべて分離し，フライパンなどの調理器具は，ハラル食・ハラム食を同じ器具で調理することはない．

　飛行機全体がハラルである中東のエミレーツ航空・カタール航空などは，機内食も当然ハラル食が当たり前となる．しかしイスラム圏でないアジア・欧米の航空会社からすると，対応が難しく重要なことは，ハラルとハラムが"混ざらないようにすること"に細心の注意を払うことである．

（日 坂 幸 司）

第14章 運航（運航乗務員）

1 運航乗務員とは

（1）航空従事者（操縦士）としての位置づけ

航空機に乗り組んで一定の職務を遂行する要員のうち，直接「航空業務」に[1]携わる要員は一般に「運航乗務員（運航乗員あるいは乗員）」と呼ばれ，日本の航空法においては，その業務を行うにあたり国土交通大臣が交付する航空従事者技能証明書（資格＝ライセンス）を必要とする「航空従事者[2]」の一種として規定されている．航空従事者のうち，運航乗務員に相当する資格は，操縦士，航空士，航空機関士，航空通信士であるが，航空士，航空機関士，航空通信士については，機材の発達とともに，操縦士がその業務を兼ねられるようになり，現在，日本の主要な航空会社が運航する機材に実際に乗り組んでいる航空従事者[3]は操縦士だけである．操縦士の資格は，業務範囲（内容）[4]に応じて定期運送用，事業用，自家用，準定期運送用に分かれ[5]，実際に乗務できる航空機の種類・型式等が限定されている（**表14-1参照**）．

（2）「機長」，「副操縦士」とは何か

では，巷間よく聞く「機長」とか「副操縦士」とは何か．機長については，航空法において，その権限が「当該航空機に乗り込んでその職務を行う者を指揮監督する[6]」と規定され，「航空運送事業[7]」の用に供する航空機に乗り組む場合には，国土交通大臣による「認定[8]」が求められている．即ち，航空機を使用して有償で旅客あるいは貨物を運送する事業を営む場合には必ず機長認定を受けた操縦士が必要なのである．

一方，副操縦士については，First Officer（ファーストオフィサー）あるいはCo-Pilot（コ・パイロット）と呼ばれる場合もあるが，正式な法律上の用語ではなく，航空会社における事業用操縦士あるいは準定期運送用操縦士に対する社

表14‐1　操縦士の資格，航空機の種類，航空機の等級，航空機の型式

資格	航空機の種類	航空機の等級	航空機の型式
定期運送用操縦士 事業用操縦士 自家用操縦士 准定期運送用操縦士	飛行機	陸上単発ピストン機 陸上単発タービン機 陸上多発ピストン機 陸上多発タービン機 水上単発ピストン機 水上単発タービン機 水上多発ピストン機 水上多発タービン機	構造上，その操縦のために二人を要する航空機又は国土交通大臣が指定する型式の航空機については当該航空機の型式ごとの限定 （例） ・ボーイング式777型 ・エアバス式 A‐320型 ・ボンバルディア式 DHC‐8型 ・セスナ式337型（国土交通大臣指定）
定期運送用操縦士 事業用操縦士 自家用操縦士	飛行船	※飛行機の項の等級に同じ	構造上，その操縦のために二人を要する航空機又は国土交通大臣が指定する型式の航空機については当該航空機の型式ごとの限定 （例） ・ツェッペリン式 LZ N07型
定期運送用操縦士 事業用操縦士 自家用操縦士	回転翼航空機	※飛行機の項の等級に同じ	構造上，その操縦のために二人を要する航空機又は国土交通大臣が指定する型式の航空機については当該航空機の型式ごとの限定 （例） ・EHI 式 EH101型 ・ベル式212型（国土交通大臣指定） ・シコルスキー式 S‐76型（国土交通大臣指定）
事業用操縦士 自家用操縦士	滑空機	曳航装置なし動力滑空機 曳航装置付き動力滑空機 上級滑空機	※型式の限定はない ※初級滑空機及び中級滑空機については，技能証明を必要としない

出典：国土交通省ホームページ「航空従事者の資格・種類について」【Ⅱ．航空従事者の技能証明の種類・限定について】〈https://www.mlit.go.jp/common/001094302.pdf〉（2020年8月11日閲覧）．

内資格的な名称として扱われている場合が多い[9]．

　例えば，日本の航空会社がボーイング社の777型機で羽田・バンコク間を運航する場合，機長認定を受けたボーイング式777型式限定の定期運送用操縦士（＝機長）1名と同じ型式限定の事業用あるいは準定期運送用操縦士（＝副操縦士）1名，合わせて2名の運航乗務員の乗務が必要である（実際には，技能証明以外にも航空身体検査証明や国際線乗務の場合には航空英語能力証明等の資格あるいは要件も必要であるが，ここでの説明は割愛する）．

　因みに，これらの一連の資格は一旦取得しても，操縦士を続ける限り，定期

的に訓練を受け，審査に合格しなければ維持ができない．また，その審査基準等は年齢や役職に関係ないため，ベテラン機長であっても，常に自己研鑽に励まなりればならないのである．安全運航のためではあるが，その点では取得後の審査が求められていない他の国家資格とは大きな違いがあるといえよう．

　現在，こうした運航乗務員（国土交通大臣交付の操縦士技能証明書保有者）は9155人で，そのうち主要航空会社に所属している者は，機長と副操縦士を合わせて6662人である．

2　航空会社における運航乗務員の存在

（1）事業規模を制約する生産資源としての運航乗務員

　航空会社の事業規模（路線と便数）は，人員，機材，輸送力枠（航空権益），空港発着枠（スロット），資金調達能力（収支状況）等により制約される．そのうち，直接，事業規模を制約する生産資源としての人員に，運航乗務員，整備士，運航管理者，客室乗務員等の職種がある．これらの職種のなかで事業規模に応じた柔軟な人数調整が最も難しく，事業規模に与える影響が大きいのが運航乗務員である．科学技術が進んだ現代にあっても航空機の運航において運航乗務員は欠くことができない存在であり，安全な運航を確保するうえにおいて運航乗務員が果たすべき役割は依然として大きい．それゆえ航空会社は運航乗務員について，事業運営に必要な「数」の確保だけではなく，その職責遂行に必要な「質」の担保も求めている．しかし，必要な「質」充足した運航乗務員を必要な「数」だけ安定的，継続的に確保するのは容易ではない．運航乗務員の存在が航空会社の事業規模に大きく影響する理由は，この点にある．

（2）運航乗務員確保における長期的観点の必要性と実態

　航空需要（旅客・貨物）は長期的に見ればこれまで拡大を続けてきたが，それは必ずしも安定的ではなかった．石油危機，バブル崩壊，リーマンショックを契機とする景気後退や湾岸戦争，米国同時多発テロ，SARS，東日本大震災等の社会的な事象の影響を受ける度に航空需要は大きく落ち込み，航空会社は需要回復までの期間，事業規模の縮小を余儀なくされてきた．

　一方，運航乗務員は採用から実乗務まで年単位の訓練期間と多くの費用を要する．訓練については「小型機を操縦するための基礎的な教育・訓練（2年程

度）の後，各エアラインにおいて副操縦士として乗務させるための実務的訓練
（1年半程度）を行い，さらに，これら副操縦士が機長となるまでには7～8年
程度の期間を要する」[13]ことが一般的であり，費用については「基礎的教育・訓
練だけでも数千万円の養成コストを要する」[14]とされている．そういう観点で，
航空会社として長期的に増大が見込まれる航空需要に的確に応じようとすれば，
安定的かつ継続的な運航乗務員（新規要員）の採用や訓練が必要なのである．
しかし，経営上の観点からは，多くの訓練費用や事業費用が想定より下方修正
された場合の余剰人員化（余分な人件費負担発生）リスクも考慮せざるを得ず，
需要減少をもたらすイベント発生に対して，運航乗務員の採用中止（縮小）や
訓練中断等を実施してきたのが実態である[15]．その結果，大手航空会社を中心に
日本の運航乗務員の人員構成には年令別の山谷が形成されている．
　こうした事情により，長期的に増大が見込まれる航空需要に備え，社内で大
量かつ長期にわたり，その時点での必要数以上の運航乗務員を確保し続けるの
は経営上困難である．そこで，航空需要の増大に伴う運航乗務員の不足に対処
するために航空会社は，1990年代を中心に海外の乗員派遣会社から供給される
外部資源（外国人運航乗務員）を活用してきた経緯がある[16]．しかし，世界的な航
空需要の高まりからそうした外部資源の活用は難しくなりつつある[17]．今後の中
長期的な航空需要の増大への対応に必要な運航乗務員の確保は日本のすべての
航空会社にとって解決すべき重要な課題になっている[18]．

（3）航空会社における運航乗務員の人員計画（乗員計画）

　航空会社における人員計画のうち，必要数を確保するまでの期間が他の職種
に比べ相対的に長い運航乗務員の人員計画（乗員計画）は，全社的な中長期計
画の範囲を超える期間も視野に入れつつ，策定されるケースが多い．航空会社
では，乗務パターン（到着地での宿泊を含め，出社から退社まで乗務する一連の便を指
定した勤務パターン）や1機当たりの運航乗務員の必要数等に基づく算定手法を
組み合わせ，種々くふうを施しながら中長期的な人員の過不足を見通し，総合
的な判断により当面の採用数や訓練計画などを決定し乗員計画を策定している．
　必要数算定手法についてであるが，具体的な路線便数計画がある場合，各フ
ライトの運航に直接必要な人数は，編成（長距離路線の場合は交代要員を含む人数）
と乗務パターンに基づき算定される．指定される編成と乗務パターンの前提と
なる運航乗務員の勤務時間等[19]の制限は，国土交通大臣又は地方航空局長の認可

の下に航空会社が設定する運航規程に定められており，航空会社はその制限の範囲内で路線ごとにそれらを決定している[20]．それ以外に運航乗務員の養成や技量維持のための教育・訓練・審査にあたる教官やチェッカー（査察操縦士）[21]，乗務する機種（型式限定）を変更するための訓練中は乗務に就けない要素，乗務以外の会社業務への従事や疾病等により乗務に就けない非稼動要素を加えて，最終的な運航乗務員の「人員」の過不足は算定される．また，機材計画は見通せるものの詳細な路線便数計画が想定されていない場合，1機あたりの必要数に基づいて算定（概算）するケースがあり，運航する路線や便数による違いはあるが，航空機1機当たり概ね4〜6セット[22]（機長と副操縦士各1名で1セット）の運航乗務員が必要とされている．

　このように，乗員計画は，航空会社の生産体制を中長期にわたって決することになる．「数」と「質」を長期間充足し続けるためには数多くの絶え間ない対応が必要である．航空会社にとって運航乗務員を生産資源として安定的に確保することの意味は，きわめて大きい．

　他方，運航乗務員は，さまざまな部門からの支援を集約しながらその集大成としての運航にあたるため，航空運送事業の実態を把握できる立場にあり，現場の課題を日々の乗務の中で感知する機会も多い．そうした経験の蓄積と日々の運航を着実に完遂するなかで鍛えられる問題解決能力を有する運航乗務員の中には，運航関連以外のさまざまな部門で活躍できる人材も豊富に存在する．事実，運航乗務員の出身者が社長やCEOとして航空会社の経営にあたる事例もある[23]．

（4）運航乗務員の採用

　運航乗務員の「質」を確保するためには，採用時に運航乗務員に適した人材であることを見抜く必要がある[24]．能力と適性をもつ人材に対して適切な教育，訓練を施すことによりはじめて運航乗務員の「質」は確保されるからである．したがって，航空会社は特に新規の運航乗務員の採用にあたり，かなりの労力を費やして応募者の能力，適性を見極めようとする．その際，将来，特に機長昇格後に運航にかかわる部門をはじめとするさまざまな組織において基幹的な役割を果たす能力を有しているかの確認にも努めている．

　諸外国においては，軍のパイロットや小型機の操縦士等から運航乗務員を採用する割合が相当程度あるが[25]，日本ではそうしたソース（源）からの採用には限度がある．航空会社が運航乗務員を採用するソースには次の6つの区分が挙

げられる[26]. すなわち, ① 一般大学（院）卒業者（操縦士の資格を持たない者（以下, 自社養成という）), ② 航空大学校卒業者, ③ 大学の操縦士養成コースにて事業用操縦士の資格, 計器飛行証明を取得した者[27], ④ 自衛隊操縦士（防衛省割愛)[28][29], ⑤ 諸外国を含む他航空会社の運航乗務員, ⑥ その他（訓練事業会社, 航空専門学校にて主に事業用操縦士の資格を取得した者）である. 大手の航空会社は, ①〜④の採用ソースを組み合わせて採用数を確保している. なかでも自社養成の採用にあたっては, 他のソースと違い, ライセンスを持っていない者を募集対象としているため, 航空会社は応募者が運航乗務員に適した人材であるか, きわめて慎重に選考を実施している. 選考は数回にわたる面接に加え, 心理適性検査, 飛行適性検査[30], 航空身体検査, 英会話等により行われる. 多岐にわたる教育・訓練内容を習得できるだけの基礎的な学力, バランスの取れた思考・行動様式, 航空適性, 退職まで支障なく乗務を継続できるだけの心身の健全性のすべてを満たすことを求めることから, 合格率は応募者の 1 〜 2 ％程度ときわめて低い. 近年, 若者の就業意識の多様化と安定志向の高まりの影響を受け, 自社養成の応募者数は減少傾向にある. 運航乗務員の「数」と「質」を確保するためには, より多くの応募者の中から運航乗務員に適した人材を選び出すことが肝要であり, 航空会社は大学での説明会を開催する等により自社養成に対する学生の関心を喚起し, 応募者数の増加に努めている.

3 運航乗務員の業務にかかわる安全管理態勢[31]

運航乗務員の業務にかかわる安全管理態勢は, ① 発生事象, 日常運航および運航乗務員の訓練審査に関する情報の収集, ② 情報の分析と評価, ③ 対策の実施, 訓練・審査への反映, 情報の周知, ④ 対策の効果および訓練・審査結果の確認という①から④のサイクル（一般に PDCA サイクルといわれる）を継続して繰り返すことにより維持されている. ①の情報収集は, 義務報告, 自発的報告[32], FDM（Flight Data Monitoring：運航状況データの監視)[33], LOSA（Line Operations Safety Audit：日常運航に対する安全監査), Info Share（関係局, 航空会社が非懲戒[34], 情報厳秘を前提に情報, リスクの共有を行う国際的な会議体)[35]等を通じて行われる. ②は, 収集した情報を安全工学等の研究成果を活用したさまざまな手法を用いて分析, 評価することである. 最近の手法には, 安全に影響ある事象を分析, 数値化し, 客観的に監視する SPI（Safety Performance Indicator)[36], リスクの程度

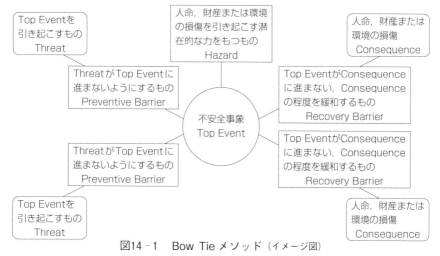

図14-1　Bow Tie メソッド（イメージ図）

出典：CGE Risk Management Solution The bowtie method 〈https://www.cgerisk.com/knowledgebase/The_bowtie_method#Escalation_factors_.26_Escalation_factor_barriers〉（2020年8月19日閲覧）を参考に筆者作成.

と対策の有効性から事象への対応の必要性を評価する ERC（Event Risk Classification），ヒューマンファクターの分類を行う HFACS（Human Factors Analysis Classification System）［Shappell 2000］等がある．個別の Hazard[37]がもたらす望ましくない事象（Top Event）が，どのような要因（Threat）で引き起こされ，かつ重大な事象（Consequence）に至るかまでのシナリオをについて事象の発生や発展を止める防護壁（Barrier）とともに図示する Bow Tie メソッド（図14-1参照）等も活用されている．③は，こうした分析・評価の結果を規則（各種マニュアル）や運航乗務員の訓練・審査の改善に反映することである．近年ではこれまでの航空機の世代や型式に関係なく設定されていた運航乗務員の訓練・審査に替えて，運航や訓練で得られたデータ（Evidence：証拠）に基づいて，航空会社固有あるいは運航乗務員（パイロット）個人の課題や傾向を抽出し，それらに対処するために航空会社が独自に開発，実施，改善する訓練（EBT（Evidence-based Training），AQP（Advanced Qualification Program）等）が導入されている．

■注

1）「航空業務」は，航空法2条2項において次のとおり定義されている．

　　「この法律において「航空業務」とは，航空機に乗り組んで行うその運航（航空機に乗り組んで行う無線設備の操作を含む．）及び整備又は改造をした航空機について行

う第十九条第二項に規定する確認をいう」.

2）「航空従事者」は，航空法2条3項において次のとおり定義されている.
「この法律において「航空従事者」とは，第二十二条の航空従事者技能証明を受けた者をいう」.

3）ここでの「主要な航空会社」とは，JAL，ANA，NCA，JTA，SKY，ADO，AJX，SNA，SFJ，AKX，APJ，JJP，SJO，JAC，JAR，HAC，WAJ をいう.

4）歴史的には，航空通信士，航空士，航空機関士の順で実際の乗務から離れていった.日本の主要な航空会社において2019年1月1日時点で乗務配置についている（会社から指示されれば乗務に就き得る状態にある）航空機関士はいない［国土交通省航空局監修 2019］.

5）資格ごとの「業務範囲」については，航空法28条別表参照のこと.

6）航空法73条（機長の権限）.

7）「航空運送事業」は，航空法2条17項において次のとおり定義されている.「この法律において「航空運送事業」とは，他人の需要に応じ，航空機を使用して有償で旅客又は貨物を運送する事業をいう」.

8）航空法72条（航空運送事業の用に供する航空機に乗り組む機長の要件）1項に「航空運送事業の用に供する国土交通省令で定める航空機には，航空機の機長として必要な国土交通省令で定める知識及び能力を有することについて国土交通大臣の認定を受けた者でなければ，機長として乗り組んではならない」と定められている.

9）機長の場合は，国土交通大臣から機長認定を受けた定期運送用操縦士に対する名称として扱われている.また，国土交通省航空局安全部運航安全課長「運航規程審査要領細則」等の通達レベルでは「副操縦士」の名称が使用されている.

10）「航空従事者就労実態」（2018年1月1日現在）［国土交通省航空局監修 2019］.

11）6662人のうち517人は，外国人である.「主要航空会社の職種別乗組員の内訳」（2019年1月1日現在）［国土交通省航空局監修 2019］.なお，ここでの「主要航空会社」は，ⅲ「主要な航空会社」に VNL を加えたものである.

12）この章では，「本邦定期航空会社」を対象に記述する.

13）国土交通省航空局「乗員政策等に係る検討について」第1回　乗員政策等　検討合同小委員会資料3，2013年12月24日.

14）同上.

15）たとえば，1970年代の高度成長期における大量採用とそれに続くオイルショック後の約10年間にわたる少数採用は，運航乗務員の年令別人員構成に大きな山谷を作り出した.なお，新型コロナウイルスによる航空需要への影響について見通すことが困難な状況（2020年8月時点）においても大手航空会社は運航乗務員の採用を継続している.

16）外国人運航乗務員が本邦登録の航空機に乗務するためには外国政府（ICAO 締約国）の発行した操縦士の技能証明をわが国の技能証明に切り替える必要がある.定期運送用操縦士および事業用操縦士のライセンスの切り替えるにあたっては，国内航空法規（日本語または英語）および実地試験に合格する必要があり，その点からも外国人運航乗務員の活用は容易ではない.

17）ICAO は，世界中に存在する359千人の操縦士（2017年時点）が2037年に720千人になると予想している（出典：Meshesha Belayneh "GLOBAL OVERVIEW" ICAO 6th

Global Aviation Training and TRAINAIR PLUS Symposium, 2019).

18) 日本では60歳を超えた操縦士の有償飛行における乗務が1996年より可能となり，乗務に関する制限や条件を見直しつつ，2015年に乗務可能年齢が68歳未満に引き上げられている．こうした基準の改定に合わせて航空会社では60歳以上の操縦士の活用を図っている．

19) 業務に従事する時間には，① 乗務時間（「航空機が離陸のために所定の場所で移動を開始してから着陸後所定の場所で停止するまでをいう」），② 飛行勤務時間（「乗務を伴う一連の勤務であって，会社指示で行われる全ての業務（乗務，地上業務，訓練，移動（通勤を除く）等）のために勤務を開始した時から最後の乗務が終了するまでをいう」），③ 勤務時間（「会社指示により業務を開始した時から全ての業務を終了するまでの時間」）がある（出典：航空局安全部運航安全課長「航空機乗組員の乗務割について」（2019年7月5日制定（国空航第625号））．

20) 航空会社の多くは，運航規程の範囲内で勤務（乗務を含む）内容について定めた「就業規則」または労働組合との間に締結した「労働協約」にしたがって乗務パターンを作成している．

21) 機長の認定・審査を一定の範囲内で国に代わって実施することができる運航乗務員のこと．

22) 主要な航空会社の「安全報告書」（2018年，2019年）に掲載されている運航乗務員の配置数（セット数）を機材数で割った数値は，18社中15社が4.00〜5.76の範囲内であった．なお，この範囲から外れた3社の数値は，3.07，3.24，10.00であった．前2社の数値は機材更新の影響（機材数が運航乗務員に比して一時的に多い状態となる）を受けて低くなったものと考えられるが，後1社が高い理由は不明である．

23) 1997年から2000年までJTAの代表取締役社長を務めた巌祥夫氏（故人）は，ボーイング727，ボーイング747の機長経験，2005年から2010年までブリティッシュ・エアウェイズのCEOを務めたWilliam Matthew Walsh氏は，ボーイング737機長の経験，2012年から2018年までJALの代表取締役社長（現会長）を務めた植木義晴氏は，ダグラスDC10，ボーイング747-400，ボンバルディアCRJ200の機長の経験，2018年3月より春秋航空日本の代表取締役を務めている樫原利幸氏はボーイング747，エアバスA300-600の機長経験を有する．

24) IATAは訓練と実務経験を通じて運航乗務員が伸ばすべきコンピテンシー（能力・適格性）として，① 手順の適用と規制の遵守，② コミュニケーション，③ 自動操縦における飛行経路管理，④ 手動制御における飛行経路管理，⑤ リーダーシップとチームワーク，⑥ 問題解決と意思決定，⑦ 状況の認識と情報の管理，⑧ ワークロード（作業負荷）管理の8つを挙げている［IATA 2019：1］．

25) 国土交通省航空局「参考資料」第6回　乗員政策等検討合同小委員会　2014年12月24日．

26) この他の採用ソースとしては外国人運航乗務員が存在するが，航空会社の直接雇用によらないことからここでは取り扱わない．

27) 事業用操縦士（Commercial Pilot License（CPL））については，「主に1人操縦機（小型機）の機長業務を主眼に置いた資格であり，その取得のためには1人操縦機の機長として必要な能力を担保するための訓練が大量かつ長期に必要とされており，また，模擬飛行装置等の活用も限定的とされている」（出典：「航空機の操縦士技能証明

制度等のあり方検討会「今後の航空機の操縦士技能証明制度等のあり方について（中間取りまとめ）」2009年9月）と評価されている．そうした点を踏まえ，Multi-crew Pilot License（MPL）が2006年に ICAO で規定された．日本では2012年に準定期運送用操縦士として導入されている．その業務範囲は「航空機に乗り組んで次に掲げる行為を行うこと．一 機長以外の操縦者として，構造上，その操縦のために二人を要する航空機の操縦を行うこと（以下略）」と航空法28条別表に規定されている．

28）航空法34条に定められた計器飛行（航空機の姿勢，高度，位置及び針路の測定を計器にのみ依存して行う飛行）を行うために必要な技能証明．

29）「自衛隊より民間航空機操縦士適格者を民間航空事業者へ転出」する制度として1962年に開始された．2009年に「省庁による国家公務員の再職あっせん禁止との政府方針を踏まえ，割愛制度の在り方を検討する間，運用を停止」していたが，2014年から「自衛隊操縦士の民間における活用（割愛）」として再開されている．

30）将来発揮される運航乗務員に必要な能力を早い段階で予測するための検査［IATA 2019：1］のことであるが，いかなる能力を重視するか，どのような方法で行うのか等については，航空会社により異なっている．

31）ここでの「態勢」とは，安全管理の仕組と運用の双方を組み合わせたものを意味する．

32）航空法111条の4に安全上の支障を及ぼす事態の報告として定められているもの．

33）LOSA の定義，特徴，歴史については，参考文献 Klinect, J. R., Murray, P., Merritt, A. & Helmreich, R.［2003］を参照．

34）日本の航空業界では「非懲戒」の方針を2007年に最初に宣言した JAL を嚆矢として「非懲戒」の方針を採用する航空会社が増加した．

35）ICAO 事故防止マニュアルは，リスクを「重大度や確率の観点から特定のハザードに起因する望ましくない事象の影響を表すもの」［ICAO 2005：A-6］としている．

36）SPI については，ICAO［2018］4.3を参照．

37）ICAO 事故防止マニュアルは，ハザードを「人命，財産または環境の損傷を引き起こす可能性のある状況または状態」［ICAO 2005：5-5］としている．

参考文献

IATA［2019］*Pilot-aptitude-testing-guide Guidance Material and Best Practices*, 3rd Edition, IATA.

ICAO［2005］*Accident Prevention Programme*, ICAO.

ICAO［2011］*Global and Regional 20-year Forecasts*, ICAO.

ICAO［2018］*Safety Management Manual（SMM）*, 4th Edition, ICAO.

Klinect, J. R., Murray, P., Merritt, A. & Helmreich, R.［2003］Line Operations Safety Audit（LOSA）: Definition and operating characteristics. In Proceedings of the 12th International Symposium on Aviation Psychology（pp.663-668）. Dayton, OH: The Ohio State University.

Shappell, S.［2000］*The Human Factors Analysis and Classification System-HFACS, DOT/FAA/AM*.

国土交通省航空局監修［2019］『数字でみる航空2019』日本航空協会.

（久保俊彦）

第15章　エアラインの航空機整備

　エアラインは航空機をメーカーから受け取って，通常20年間以上もの間[1)]，その航空機を飛ばしてお客様や貨物を運び続ける．日々の安全運航はもちろん，機材の品質を維持・向上させることがエアラインの整備の仕事である．

　本章では，エアラインの航空機整備について概説する．

1　エアラインの整備の概要

　エアラインの整備は，大別して機体整備（Ship 整備）と工場整備（Shop 整備）がある．機体整備は，文字通り機体の整備であり，さらに日々の離発着に伴う運航整備（ライン整備）と，格納庫で行う定期整備（重整備ともいう）[2)]がある．

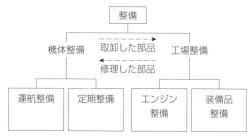

図15‑1　エアラインの航空機整備

工場整備は扱う部品によって，エンジン整備，装備品整備がある（図15‑1）．

（1）運航整備（図15‑2）

　運航整備とは，航空機の到着から出発までの間に行う整備作業である．次のフライトに向けて飛行機が安全に飛べる状態であることを確認する．運航整備は出発前の限られた時間の中で，飛行中の故障に対する修理作業や定例作業（Turn Around Check: T Check ともいう）を実施する．フライトを定時に出発させることもエアラインの使命ではあるが，整備士は過度なタイムプレッシャーを感じることなく，安全を最優先することが基本である．

　また，リージョナル機[3)]などでは，毎便の間に整備士が実施する T Check を設定しなくてもよい航空機もある．ただしこれには，パイロットが交代しない，

図15-2 運 航 整 備   図15-3 定 期 整 備

写真提供：JAL グループ.   写真提供：JAL グループ.

故障が発生していない，整備士による特別な確認がない[4]，などの条件が必要で
ある．

（2）定 期 整 備（図15-3）

定められた飛行時間間隔で実施する整備で，A 整備，C 整備，M 整備など
がある．定期点検は，時間間隔が長くなるほど深い専門性の高い整備を行うた
め整備期間も長くなる．整備士も機体システム・電気装備品・客室装備品・機
体構造・塗装などの専門分野に分かれている．

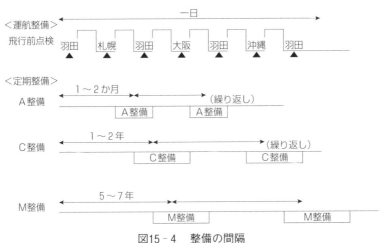

図15-4 整備の間隔

図15‐5　エンジン整備
写真提供：JALグループ.

図15‐6　装備品整備
写真提供：JALグループ.

A整備

1～2カ月ごとに，夜間駐機（Overnight Stay）などのタイミングで1日程度の整備を行う．運航整備を実施する整備士がA整備を担当することもある．

C整備・M整備

重整備（Heavy Maintenance），基地整備（Base Maintenance）とも呼ばれ，C整備は1年～2年間隔で1週間程度，M整備は5‐7年間隔で1カ月程度格納庫に航空機を入れて詳細な整備を行う．

（3）エンジン整備（図15‐5）

航空機から取り卸されたエンジンは専用のエンジン工場で整備される．エンジンは，分解・検査・修理され，再び組み立てられ，機能試験後スペアエンジンとして，次の機体に取り付けられるのを待つ．エンジン部品には特殊な金属などが使われており，蛍光浸透探傷検査や磁気探傷検査，渦電流探傷検査などいろいろな特殊な検査によって，小さな傷やひび，ゆがみなど見逃さない詳細な検査を行っている．また，工場内には，実際にエンジンを回して機能や性能を確認する試運転の設備も備わっている．

（4）装備品整備（図15‐6）

航空機の運航で故障が発生した場合，故障した部品を交換して航空機は速やかに飛ぶ準備ができるようにし，取り降ろした部品を装備品整備の工場で時間をかけて修理する．航空機の装備品には，電気電子部品，油圧部品，気圧部品，着陸装置（ランディングギア）・ブレーキ，構造部品（ハニカム製の動翼やレドーム）[5]

などいろいろなものがある.

2 航空機整備の基礎

整備概要を理解したところで, 本節では整備の基本的事項をまとめて説明する.

(1) 航空機整備の目的

エアラインの使命は安全, 定時かつ快適な航空輸送の社会への提供である. そして, エアラインの整備部門の目的は次の通りである.

> 航空機材の**安全性**を最優先に**定時性**, **快適性**を常に提供できるよう, 航空機とその部品の機能と信頼性を維持・向上させること.

(2) 信頼性 (Reliability) とは

信頼性とは,「アイテムが与えられた条件で規定の期間中, 要求された機能を果たすことができる性質」と定義されている. つまり信頼性とは, システムなどが故障しにくいことを意味する.

(3) 航空機の整備作業の分類

信頼性をキーワードとして整備作業を次の3つに分類することができる.

定例作業 (信頼性の維持)

航空機は安全に飛び続けるために, あらかじめどのような整備作業をどんな時間間隔で行うかが決められている. これを定例作業といい, 機材の**信頼性を維持**するために必要な作業である.

(例) エンジンオイルのチェック, 着陸装置の定期交換など

修理作業 (信頼性の回復)

運航中に発生した故障を修理する作業である. 故障によって低下した**信頼性を回復**させる作業である.

(例) 故障部品の交換, 機体構造のダメージの修理など

改修作業 (信頼性の向上)

機体やシステムを元の設計から, より良く変える (改修) 作業である. 改修作業により, 航空機の**信頼性**や**快適性を向上**させることができる.

（例）新しい客室シートの取付け，ウィングレットの装着など

（4）航空機整備の手法

整備の手法は，航空機の発達とともに変化してきたが，現在の整備では次のような手法が組み合されて，システム毎に最適な手法が採られている．

Hard Time

時間限界を決めて，機体から取り卸して分解整備または廃棄するやり方である．機体重量全体がかかる着陸装置や，高温高速で回転しながら大きな力がかかるエンジン内部のブレードと呼ばれる羽など部品は，飛行機やエンジンを設計したときに使用時間が決められて定期的に交換される．

On Condition

定期的に点検・試験をして，不良個所があれば部品の交換あるいは修理するやり方である．定期的に点検して，問題がないことを確認したらそのまま使い続ける．タイヤはすり減り具合やダメージを定期的に点検しながら，許容範囲を超えたら交換される．

Condition Monitoring

不具合状態をモニターし，故障が発生したら部品交換・修理する．電子部品など2重3重に装備されている部品は飛行中に1つが故障しても飛行の安全には影響しないように設計されていて，故障が発生したら到着地で交換される．

（5）信頼性管理方式による整備方式（図15-7）

現在の航空機では，信頼性管理方式という整備方式で航空機の信頼性を維持・向上させている．信頼性管理方式では，日々のフライトや定期整備での整備状況をモニターして種々の情報を収集し，機材の信頼性（故障の傾向）を把握する．そして，その情報を解析・評価して，問題に対する対策を策定・実行す

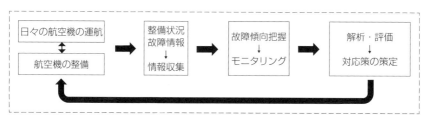

図15-7　信頼性管理方式による整備方式

る．このサイクルを繰り返して，改善のプロセスのサイクルを常に回すことで，
航空機の信頼性を維持・向上させている．

（6）航空機メーカー，監督官庁との連携

　航空機を長年飛ばし続けるために，エアラインの整備部門は航空機やエンジ
ン，装備部品メーカーなどと連携して飛行機の品質・信頼性の維持向上を図っ
ている．エアラインからは，自社の機材の故障情報などを提供し，他社の故障
情報や対策，信頼性向上のための改修などの情報の提供を受けている．また，
監督官庁は，エアラインからの運航状況や事故・インシデントの情報やメーカ
ーからの情報に基づき，運航の安全が維持されるように設計変更や整備方法の
改善などをメーカーやエアラインに指示する．

3　航空機整備を支える組織

　エアラインの整備部門では，整備士が航空機の整備を行うためにいろいろな
間接組織が整備現業をサポートしている．本節では，航空機整備を支える代表
的な組織について説明する．

（1）技術部門

　航空機を整備するためには，整備の方式や定例整備の必要事項（整備要目：ど
のくらいの時間間隔でどのような整備をするか）や，整備の手順書，修理方法，部品
のリストなどを準備する必要がある．また，大きな修理や改修作業では，技術
指示書を作る必要もある．これら技術サポートを行っているのが，**整備技術部
門**である．整備技術部門では，機体やエンジン，部品のメーカーと情報をやり
取りして整備士をサポートしている．また，パイロットの技術サポートをする
運航技術部門もある．

（2）品質管理部門

　品質管理部門では，機材や部品の品質を常にモニターし，課題に対して対応
することで，航空機の品質の維持・向上を図る．また，整備士のヒューマンエ
ラーへの対応も行う．対外的には，監督官庁への対応調整業務も行っている．

（3）生産管理部門

　生産管理部門では，エアラインの保有するすべての航空機が効率よく運航され，必要な時期に必要な整備ができるように，整備計画を立案し実行する．整備計画には，年度計画，月次計画，実行計画など段階的な計画があり，会社全体の運航計画に基づいて年間の整備計画を作り，月ごとの実行計画，日々の航空機の整備のスケジュール調整までを計画・実行している．

（4）部品管理部門

　整備には，交換部品が欠かせない．航空機は大きいものではエンジンからねじ1本まで航空機には300万点の部品があるといわれている．これらの部品は，すべて航空機メーカーが作っているわけではない．エンジンや装備品は自社で整備するものとメーカーに送り返して修理してもらうものがある．世界中のいろいろなところで作られている部品を調達して，スペア部品として計画的に準備しておくのが部品管理部門である．航空機に使用される部品には厳しい基準が設けられており，それらをパスした部品を準備する必要がある．

（5）整備訓練部門

　整備における訓練部門では，整備士を育てる養成訓練，国家資格や社内資格を取るための資格取得訓練，また航空機の進歩に合わせて技能を維持向上させる施策訓練などいろいろな訓練を実施している．民間旅客機を整備するには，一等航空整備士や一等運航整備士（範囲限定），工場整備士といった国家資格がある．また，国の承認を代行できる確認主任者という高度な資格もある．これらの国家資格とは別に，エアラインでは，整備士の経験・技量に応じて段階的な社内資格（初級整備士，2級整備士，1級整備士）がある．整備士は，国家資格と社内資格（1級整備士）を取って一人前になるまでに10年ほどかかる．

（6）その他間接部門

　上記の間接部門以外にも，整備組織全体を運営する**整備企画部門**，航空機メーカーとの調整を行う**海外技術駐在部門**，他社機の整備を請け負う窓口業務を担う**整備受託部門**など，いろいろな部門が整備を支えている．

4 整備における安全の取り組み

　本節では，整備部門における安全の取り組みについて説明する．
いろいろな安全の取り組みにより，航空機の事故率は低下してきている[7)]．しか
し，航空機事故の悲惨さ，社会への影響の大きさを考えると安全への不断の努
力が必要である．事故分析から，ヒューマンファクターも事故の重要な要因と
なっている．整備部門でも機材不具合に関するリスクマネジメントサイクルに
加えて，作業不具合（ヒューマンエラー）に関するリスクマネジメントサイクル
にも力を入れ，これらを安全管理の両輪として安全に取り組んでいる．
　最近では機材品質，ヒューマンファクターなどの個別要素に加えて，組織的
な安全文化（風土）の構築を目指した安全の取り組みが進められている．
　また，整備士には「整備作業中に怪我をしない」という意味での作業安全も
大事な取り組みである．このため，整備士は，作業時の安全処置（高所での安全
ベルトの着用など）や作業エリアの危険予知の訓練など，日頃から作業安全にも
気を配っている．

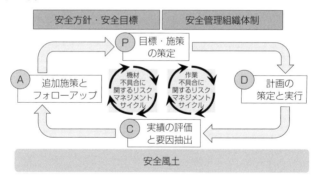

図15‐8　整備部門における安全の取り組み

✈ さらに詳しく　**航空と環境**

　社会では環境に対する意識がますます高まってきている．航空の分野でも，航空機メ
ーカー・航空会社・航空交通管制・空港などが一体となって航空業界全体で環境への取
り組みを強化している．
　航空会社では，① 環境にやさしい新型航空機の積極的な導入，② パイロットによる

飛行方法の工夫，③ 整備や客室，貨物部門での軽量化，④ エンジンの内部洗浄による
エンジンの燃費向上，⑤ 持続可能なバイオ燃料の開発・利用促進，などにより気候変
動への対策として CO_2 の排出削減の努力をしている．

　航空交通管制では新技術の開発・導入を進め，飛行ルートの効率化による環境負荷の
低減の努力がなされている．また，空港でもより出発・到着遅延の削減など効率的な運
用による CO_2 の削減を目指している．

　世界の航空行政の集まりである国際民間航空機関（ICAO）や航空業界の集まりであ
る国際航空運送協会（IATA）では，2050年までに CO_2 排出量を実質ゼロにする目標に
向けて取り組みを進めている．

■注

1）航空機は，整備を続ければ飛び続けることができるが，一般的に経済寿命は20年程度
　といわれている．
2）定期整備は重整備とも呼ばれ，エアラインにより「ベースメンテナンス」，「機体点検
　整備」など呼称は異なる
3）リージョナル機は，座席数100席以下の小型機で主に地方都市間を結ぶ．コミュータ
　機とも呼ばれる．
4）双発機が洋上を運航する場合などは，出発前に整備士による特別な整備確認が必要に
　なる．
5）ハニカム構造とは，アルミやガラス繊維などをハチの巣状にして成形したもの．軽く
　て丈夫部な構造部材（動翼やレドーム）を作ることができる．
6）JIS Z 8115 : 2000 ディペンダビリティ（信頼性）用語〈http://kikakurui.com/z8/
　Z8115-2000-01.html〉（2020年 8 月 5 日閲覧）．
7）IATA Releases 2019 Airline Safety Report によると，2019年のジェット旅客機の
　事故率は約660万フライトに 1 回である．

▤ 参考文献

日本航空広報部編［2014］最新航空実用ハンドブック．
IATA 2019 Airline Safety Report〈https://www.iata.org/en/publications/safety-
　report/〉（2020年 8 月 5 日閲覧）．
JAL エンジニアリング　ホームページ〈http://www.jalec.co.jp/〉（2020年 8 月 5 日閲
　覧）．
ANA ホールディングス　ホームページ（航空機整備事業）〈https://www.ana.co.jp/
　group/company/〉（2020年 8 月 5 日閲覧）．

（阿 部 泰 典）

索　　引

《執筆者一覧》（五十音順, ＊は編著者）

阿部泰典　桜美林大学ビジネスマネジメント学群客員教授［第15章］

＊稲本恵子　共栄大学国際経営学部教授［第1・9章1・3］

小川祐一　文化学園大学国際文化学部教授［第13章1・2⑵⑶・3］

北村伊都子　梅花女子大学文化表現学部准教授［第11章］

久保俊彦　帝京平成大学人文社会学部教授［第8・14章］

志村良浩　杏林大学外国語学部教授［第13章2⑴⑷］

丹治　隆　元桜美林大学ビジネスマネジメント学群教授［第4章］

手島廉幸　手島観光研究所所長［第9章2］

戸崎　肇　桜美林大学航空マネジメント学群教授［第6章］

中村真典　大阪観光大学観光学部教授［第12章］

馬場哲也　西武文理大学サービス経営学部教授［第10章］

林　良隆　帝京大学経済学部非常勤講師［第5章］

日坂幸司　元桜美林大学教授［Column 1・2］

平野典男　琉球大学名誉教授［第3章］

真野靖久　杏林大学外国語学部教授［第2章］

水野　徹　明海大学ホスピタリティ・ツーリズム学部教授［第7章］

協力／写真・画像提供：JAL グループ

エアライン・ビジネス入門　第2版

2017年9月20日　　初　版第1刷発行	＊定価はカバーに
2020年3月25日　　初　版第3刷発行	表示してあります
2021年4月10日　　第2版第1刷発行	
2022年4月15日　　第2版第2刷発行	

編著者　　稲　本　恵　子ⓒ

発行者　　萩　原　淳　平

印刷者　　江　戸　孝　典

発行所　株式会社　晃　洋　書　房

〒615-0026　京都市右京区西院北矢掛町7番地

電話　075 (312) 0788番㈹

振替口座　01040-6-32280

装丁　㈱クオリアデザイン事務所　　印刷・製本　共同印刷工業㈱

ISBN978-4-7710-3471-6

丹治 隆 著
どこに向かう日本の翼
―― LCC が救世主となるのか――

四六判 234頁
定価2,860円（税込）

戸崎 肇 著
ビジネスジェットから見る現代航空政策論
――日本での普及に向けた課題――

四六判 204頁
定価2,200円（税込）

林 良隆 著
イスラム文化と観光
――ムスリム・インバウンドの教科書――

四六判 94頁
定価1,430円（税込）

中村真典 著
元CA訓練部長が書いた 日本で一番やさしく，ふかく，おもしろい，ホスピタリティの本

四六判 172頁
定価1,980円（税込）

稲本恵子 編著
大学生のキャリアデザイントレーニング
――キャリア理論／自己理解／社会人基礎力――

Ｂ５判 128頁
定価1,650円（税込）

晃 洋 書 房